AI 시대의 창작

인공지능총서

인공지능 시대입니다. 기계가 인간의 인지를 대신하고, 사물이 인간을 통하지 않고 다른 사물과 직접 커뮤니케이션합니다. 이에 따른 인간 삶과 문명 변화를 정확히 이해·예측·대응하는 것은 이 시대 우리 모두의 과제입니다. 인공지능총서는 인공지능 기술과 환경의 여러 주제를 10가지 키워드로 정리합니다. 관련 개념과 이론, 학계와 산업계의 쟁점, 우리 일상의 변화를 다룹니다. 인간과 기술의 현재, 미래를 세심히 분석합니다.

일러두기

- 인명, 작품명, 저서명, 개념어 등은 한글과 함께 괄호 안에 해당 국가의 원어를 병기했습니다.
- 외래어 표기는 현행 어문규정의 외래어표기법을 따랐습니다. 다만 '딥러닝', '딥마인드', '딥페이크' 등은 관행을 따랐습니다.

처음이세요?

전문가세요?

AI 시대의 창작

전영범

대한민국, 서울, 커뮤니케이션북스, 2024

AI 시대의 창작

지은이 전영범
펴낸이 박영률

초판 1쇄 펴낸날 2024년 11월 26일

커뮤니케이션북스(주)
출판 등록 2007년 8월 17일 제313-2007-000166호
02880 서울시 성북구 성북로 5-11
전화(02) 7474 001, 팩스(02) 736 5047
commbooks@commbooks.com
www.commbooks.com

ISBN 979-11-7307-200-0 03500

책값은 뒤표지에 표시되어 있습니다.

차례

인공지능 시대의 창작

> 데이비드는 11살입니다. 몸무게는 60파운드입니다. 키는 4피트 6인치입니다. 머리는 갈색입니다. 그의 사랑은 진짜입니다. 하지만 그는 진짜가 아닙니다.
>
> — 영화 〈AI〉 중에서

인간은 대개 성인 기준으로 몸무게의 2퍼센트 정도 되는 1.4킬로그램 정도의 뇌에 온갖 정보를 저장하고 생성해서 사용한다. 그렇지만 아무리 대단한 석학이라도 용량의 절반도 채 사용하지 못한다. 자신의 잠재력을 다 활용하지 못하는 것이다.

AI라는 말이 유행어처럼 퍼진 지도 10여 년은 되었고 이제 생성형 AI는 이런 인간의 지능을 위협하는 수준으로 진화하고 있다.

인간이 가진 창의성의 영역에도 기계가 도전하는 시대다. 정확히는 인간이 자연 지능의 한계를 느껴 기계를 통해 자신의 능력을 무한히 확장하려고 한다. 인류는 아인슈타인의 뇌를 조사하고 베토벤의 머리카락을 분석하며 천재성의 비밀을 찾아내려는 노력을 하지만, 영감이 섬광처럼 떠오르는 창의력의 비밀은 어쩌면 신의 영역일지도 모른다.

생성형 AI는 기술이 인간에게 주는 전에 없었던 큰 파도다. 파도가 도착하는 시점이나 크기는 같을 수도 있다. 그렇지만 파도 위에서 서핑을 즐길지 휩쓸려 사라질지는 준비한 이들과 그렇지 못한 이들은 다른 운명일 수도 있다.

이 책은 지식 창출의 대표적 수단인 글쓰기에 밀려오는 물결, 아마도 우리 일상에서 가장 자주 접하는 파도로부터 시작했다. 이후 인류가 오랜 역사를 두고 인류의 창의성이 스며 들어가 인간의 자연 지능 최후의 보루일 수도 있는 예술의 제 분야를 짚어 보았다. 나아가 창작 산업의 하나인 영화나 미디어 산업을 덮치고 있는 현실과 그 여파도 가늠해 보았다.

분명 AI 기반 영상 제작 기술은 제작비의 혁신적 절감을 견인할 수 있어 자본의 크기에 따른 제작 능력의 격차를 해소할 수 있는 구세주가 될 수도 있다. 또 다른 그림자로 종사자들의 대규모 실직이나 일정한 저항도 예상된다. 실사 영화를 능가하는 히트작이 속출하지 않는 한 일종의 '캐즘'을 견뎌야 하고 제작 혁신의 기폭제가 되기

엔 한계도 있다. 분명한 것은 진입장벽을 확실히 줄이고 크리에이티브 면에서도 새로운 영역을 개척할 영토가 넓어졌다는 것이다. 이미 AI 기반 작품이라고 선언하며 영화제에 출품하는 작품들도 속출하고 있고 그 화제성만으로도 혁신의 바람을 일으키고 있다.

저널리즘의 영역은 인공지능의 구현이라고 할 알고리즘이 그 영향력을 확대해 나가고 있다. 이에 따른 '확증편향'은 사회 통합을 저해하는 요인의 하나다. 하루가 멀다 하고 보도되는 페이크 뉴스의 원인으로 AI의 딥페이크 기술이 그 음습한 생태계를 조장하는 것은 아닌지 우려의 목소리도 높아지고 있다. 기술이 그려낼 음울한 디스토피아는 합리적이고 선제적인 규제가 있어야만 유토피아로 방향을 틀 것이다.

생성형 AI는 질문의 밀도와 깊이로 좋은 답을 찾아내는 시대를 열었다. 프롬프트에 적절한 질문을 넣을 수 있는 능력은 호모 프롬프트의 덕목이 될 것이다. 부단히 진화하고 있는 생성형 AI 애플리케이션들은 많은 구독자를 유인하고 양질의 데이터로 좋은 답을 내놓는 선순환 구조로만 움직일까.

데이터의 왜곡과 오염으로 이용자의 불만, 결정적인 에러를 방지하지 못할 경우는 신뢰의 위기에 봉착할 개연성도 있다. 또한, 거대언어모델은 영어권 중심이나 빅테크 기업의 이해관계로 움직이기에 각국에서 'AI 소버린'의 목소리도 높일 수 있다.

데이터의 포식자 AI라는 고래에게 먹이가 되는 플랑크톤은 '빅데이터'다. 이런 데이터에 대한 이해의 안목 또한 AI 시대를 관통하는 중요한 덕목이기에 책에서도 한 챕터를 할애했다.

영화에서 수십 년 전에 그렸던 세계가 우리에게 지금 펼쳐지고 있는 경우가 많다. 상상이 현실이 되어 가는 시대에 그것을 관통하는 AI의 다양한 모습을 살펴보았다. 우리가 상상하는 세계가 디스토피아가 될지 유토피아가 될지는 기술 문명의 대전환기에 과학철학적 탐색을 요하는 열린 질문이 될 것이다.

인공지능이라는 광대한 바다에서 헤엄치기 위해서는 머신러닝이나 인공지능의 구현 방식이나 작동 메커니즘 같은 기술적인 부분에 대한 이해가 필요하다. 이런 자연과학적 안목에 더해 과학철학적이고 인문학적 안목, 한마디로 통섭의 지식들 또한 유효한 물갈퀴가 될 것이다.

인공지능에 대한 기술적 활용의 제반 영역에서 전문가들은 있을 수 있지만, 전체를 아우르는 전문가라는 발상은 지극히 위험하거나 겸손하지 못함을 드러내는 것일 수도 있다.

한국에서 융합이나 통섭이라는 말이 유행처럼 퍼진 시기도 30여 년이 되었다. 대학의 학제, 고교의 문이과 같은 도식적인 구분이 지극히 작위적이고 편의적인 발상이라는 점에는 많은 이들이 공감한다. 그 점은 종합적인 안목이 요구되는 인공지능에 대해서 공부를 하면 할수록 절실히 이해하게 된다.

인간과 기계의 커뮤니케이션, 세계관 같은 문제에 대해 기술과 윤리, 문과와 이과 같은 도식적인 경계는 지극히 위험할 수도 있다. 넓고 얕게 흐름을 이해하고 자신의 분야를 파고들어 그 효용성을 높이는 것 또한 인공지능 시대에는 유효한 연구가 될 것이다.

인접 학문에 대한 일반론적 지식, 거기에 인간과 사회에 대한 이해를 소홀히 한 연구는 자칫 프랑켄슈타인의 몸짓으로 전락할 수 있을지 모른다. 그렇다고 해도 "전지전능의 지능"이라는 바벨탑을 쌓으려는 인간의 노력은 지난하게 이어질 것이다. 신의 존재 유무를 인정하는 것과는 별개로 사피엔스의 한계와 나약함을 인정할 필요는 있다.

『세상의 모든 시간(Alle Zeit der Welt)』의 저자 토마스 기르스트(Thomas Girst)는 말한다.

> 우리는 영원히 미완의 상태에 있다는 것을 깨달아야 한다. 그렇다고 해서 야망이나 호기심, 헌신적 태도를 버리라는 말은 아니다. 하지만 우리 각자가 무력함을 깨닫는 것은 완벽함에 대한 강박이나 어떤 일을 끝내야 한다는 절대적 필요성에서 비롯된 압박을 덜어준다. 그렇다고 기한을 어기거나 합의된 목표와 약속에서 벗어나도 된다는 뜻은 아니다. 단지 지속적으로 최선을 다하되 우리의 나약함을 받아들이자는 것이다.(Girst, 2019)

그런 면에서 이 속도의 시대에도 지름길을 찾기보다는 혼자만의 사색과 기다림을 인내할 줄 아는 삶 속에서 느긋한 자신만의 인생과 묵직한 성취를 기다리는 마음은 필요한 것이다. 그것은 오히려 인공지능 시대에 효율과 능률의 요술 방망이를 찾는 조급한 마음보다 중요한 덕목이 될 수 있다.

인공지능은 누군가에게는 일종의 '포비아'가 되어 다가올 수 있고, 또 다른 누군가에게는 마치 모든 것을 해결해 줄 수 있는 만병통치약처럼 여겨질 수도 있다. 영국의 자연 지능인 앨런 튜링(Alan Turing)이 인공지능으로 명명한 연원을 따지면 이제 인공지능도 세상에 나온 지 80여 년이나 되었다.

제법 오래된 기술인 인공지능은 막 알에서 부화한 바다거북이 파도를 향해 느릿느릿 걸어가듯이 천천히 수십 년을 걸어가다 두 번의 겨울을 지나며 세찬 눈보라를 맞고 멈춰 서기도 했다. 생성형 AI라는 봄바람이 귀를 간지럽히자 이 거북은 토끼가 되어 날래고 잰걸음을 할 준비를 한 듯하다.

인공지능 기술 자체는 인터넷 기술처럼 깊이 있는 수준에서 정확하게 알지 못해도 충분히 수단으로써 다룰 수 있다. 물에 빠지는 것이 두려워서 눈앞에 다가온 인공지능 파도를 멀리하느냐, 인공지능 파도를 활용해서 자신이 원하는 세계로 나아가느냐 이것은 온전히 우리의 상상력과 생각의 크기에 달려 있을 것이다.

신기술에 적응하는 데에는 언제나 일종의 두려움이 따른다. 직장 초년생이라면 이 신기술을 습득하지 못해 조직에서 도태되는 것은 아닐까 하는 두려움을 가질 수도 있다. 놀이가 아닌 일로서 신기술에 적응하는 문제는 정도의 차이는 있어도 스트레스 요인이다.

생성형 AI 또한 다양한 애플리케이션을 시현해 보고 따라 하다 보면 우리에게 유용한 도구가 될 것이다. 또 이를 일상이나 업무에 응용하다 보면 어느새 공포는 사라질 것이다. 여든이 넘은 어머님도 여느 어르신처럼 10

여 년 전에는 스마트폰에 대한 두려움 때문에 구식 휴대폰을 고집하셨다. 그러다 차츰 적응하셔서 자주 사용하시고 자식들에게 하나씩 그 기능을 배우셨다. 사진도 찍고 사회관계망서비스(SNS)도 활용하시면서 활용 영역을 넓혀 가 이제는 자연스럽게 사용 역량이 늘어난 모습이다.

정보가 세계적으로 쉽게 공유되지 않았던 과거에는 어떤 분야에 권위자가 가진 지식에 도달하기 위해서 많은 시간과 노력이 필요했다. 앞서고 있는 기업이 쓰고 있는 기술 수준을 따라잡기 위해서도 많은 시간과 비용이 들었다. 그런데 지금 인공지능, 머신러닝, 데이터사이언스 기술은 양상이 조금 다르다. 이들 분야에서 누가 어떤 신기술을 만들어 내면, 금세 정리되어 전 세계에 오픈된다. 어떤 실험을 했고 어떤 결과가 나왔는지 등을 서로 경쟁적으로 알린다. 그리고 방법은 곧 오픈소스가 된다.

우리 인간의 자연 지능은 이렇게 인공지능을 슬기롭게 활용하면 된다. 인공지능은 자연 지능의 최후의 보루라고 할 '창의성'의 영역에도 도전장을 내민다. 예술가의 창의성을 흉내 내고 눈물을 흘리는 기계가 등장하는 것도 시간문제일 수 있다. 그렇지만 사랑을 하거나 따뜻한 가슴을 가진 인간의 일은 흉내만 내는 수준에서 나아가 내면의 깊은 공감이 필요한 일이기에 아직은 의문부호를 달 필요가 있겠다. 물론 영화적 상상은 언젠가 현실이 될 수도 있다는 전제하에.

이에 대해서는 생활과 분리할 수 없는 예술의 특성에 대해 철학자 에른스트 카시러(Ernst Cassirer)의 대답도 음미할 필요가 있다.

> 다른 모든 상징의 형식과 마찬가지로 예술은 단지 기존에 주어진 현실의 재생이 아니다. 예술은 사물과 인간 생활에 관한 객관적인 시각을 얻을 수 있는 하나의 방법이다. 그것은 모방이 아니라 현실 자체의 발견이다.(石津智大, 2019)

단순한 모방이 아니라 그것을 풍부한 상징으로 표현함으로써 현실을 더욱 풍부하게 통찰하게 해 주는 것, 이것이 예술가의 일이 아닐까. 나아가 예술이 가진 창의성은 그 이상도 상상하게 만들 것이다. 기계가 인간의 그 깊고 풍부한 상징 체계를 얼치기로 학습해 볼프강 아마데우스 AI, 파블로 AI가 모차르트와 피카소를 흉내 낼 수는 있을 것이다. 그렇지만 이들이 삶에서 느낀 절절한 고뇌와 환희 같은 감정, 그마저도 기계가 그와 같은 문제의식으로 '의식'을 가지고 창작이란 영역에 집어넣을 수 있을지는 의문이다.

인공지능이라는 코끼리를 만지려고 창작이나 창작 산업과 관련된 여러 가지 이슈나 질문들을 넓고 얕게 다뤘다. 마치 올림픽의 근대5종 경기 선수처럼 여러 종목에 대해 다방면에 걸쳐 조금씩 기량과 지식을 축적해 경기에 참가한 느낌이다. 좋게 해석하면 넓고 얕게 접근해 숲을 보는 지혜를 공유하고자 했다.

이제 각론을 깊게 파고드는 노력은 독자들의 몫이자 저자의 후속 연구 과제로 남겨 둔다. 책을 기획하고 제안서를 제출하고 당초에 출판사에서 제작된 침대에 맞춰 글을 쓸 수는 없었다. 많은 일이 그렇듯 일단 첫 삽을 뜨면 공사 과정에서 많은 돌발 변수가 생긴다.

여러 자료를 조사하고 상상의 날개를 펼치며 쓴 글들은 금세 침대를 삐져나올 정도로 거대한 덩어리가 되었다. 불필요한 부분은 침대에 맞춰 잘라 내야 했다. 잘라 내는 과정이 다리와 팔을 잘라야 하는 고통에 비길 정도는 아니어서 한편으로는 홀가분하기도 하다. 아무튼 이제는 프로크루스테스 침대에서 자유로워진 느낌이다.

생성형 AI가 많은 영역에서 구현하게 될 지형도를 다각도로 가늠해 보았다. 제법 넓은 분야에 대해 숲을 조망하는 일이었다. 저자로서는 나무를 보는 혜안이 부족함을 고백할 수밖에 없기에 계속해서 후속 연구로 가다듬을 것임을 다짐하게 된다.

흔한 광고 문구처럼 "한 권으로 마스터하는 AI" 같은 책은 있을 수 없다. 너무나 많이 쏟아지는 지식과 유사지식의 덩어리들이 혼란스러울 수도 있다. 이 작은 책 또한 그런 혼란을 부추기지는 않았는지 부끄럽기 그지없다. 바닷가 모래알처럼 많은 지식과 지혜, 자칭 타칭 현자와 사이비 현자들이 쏟아내는 글과 말의 거대한 더미 속에서 반짝이는 진실 한 톨을 건지는 것은 온전히 독자들의 몫이다.

> 나는 무르익고 싶은 갈망이 있다.
> 죽을 준비도 다시 태어날 준비도 되어 있다.
> — 헤르만 헤세

참고문헌

石津智大(2019). 神経美学: 美と芸術の脳科学. KYORITSU SHUPPAN CO. LTD. 강미정 외 옮김(2023). 『아름다움과 예술의 뇌과학』. 북코리아.

Girst, T.(2019). *Alle Zeit der Welt.* Carl Hanser Verlag GmbH & Co. 이덕임 옮김(2020). 『세상의 모든 시간: 느리게 사는 지혜에 관하여』. 을유문화사

01
AI와 글쓰기

인류는 기억의 시대를 거쳐 검색의 시대, 나아가 질문의 시대로 가고 있다. 인터넷 검색 기능은 마치 컴퓨터의 외장하드처럼 검색을 통해 인간의 기억력을 보충하는 또 다른 뇌가 됐다. 챗지피티를 활용해 보면 프롬프트에 적절한 질문을 할 수 있는 능력이 좋은 답을 이끌어 낸다는 사실을 알 수 있다. 이런 시대에 지혜로운 글쓰기는 어떤 방향으로 가야 할 것인지에 대해 탐색해 본다.

AI와 1인 창업?

글쓰기의 변모

글쓰기는 읽기와 함께 인류 문명의 전승과 존속에서 핵심 축이라고 할 수 있다. 그런 글쓰기가 이제 인간이 만든 기계에 의해 위협받고 있다. 2023년 9월 소설 · 논픽션 작가 1만 1천여 명이 소속된 작가 조합과 17명의 작가가 뉴욕 남부지방법원에 오픈AI를 상대로 집단소송을 제기했다. 이들은 "불법 해적판 전자책 사이트에서 다운로드할 수 있는 작가들의 저서가 오픈AI의 기계 학습에 사용됐다. 이를 통해 오픈AI는 수십억 달러의 수익을 올릴 것으로 예상한다"고 주장했다.

인용에 재인용을 거치며 족보가 불명확한 엄청난 양의 글들이 이미 인터넷이란 구천을 정처 없이 떠돌고 있다. '복붙'이라는 말이 상징하듯 불법적인 복제는 그 깊이와 범위를 떠나 대학가만이 아니라 일상에서 죄의식 없이 행해지는 광범위한 저작권 침해 행위의 하나다.

이제 생성형 AI가 추출한 글들이 난무하는 세상이 점점 더 가까워지고 있다. 미래의 글은 저자도 이름도 없고, 그저 기계적 시스템이 만들어 낸 것일까? 문학의 미래는 이제 생성형 AI의 성능 문제로 귀납될 것인가?

생성형 AI가 토해 내는 문장, 인터넷에 떠도는 무수한 글의 양은 엄청나다. 한 세기가 지나면 한국인에게 사랑

받는 김소월의 시나 황순원의 「소나기」는 국어 교과서에서 사라지고 AI의 생성물로 대체될까. 문학에서는 언제까지나 고색창연한 고전이 그 위엄을 잃지 않고 존재할 것인가. 톨스토이의 『전쟁과 평화』, 셰익스피어의 4대 비극 작품이 언젠가는 읽어야만 하는 작품으로 인식되는 인류의 강박적인 의무감은 영원히 사라질 것인가.

글쓰기의 현재와 미래를 생각하면 내면에 쏟아지는 질문들은 주체할 수 없을 정도다. 1959년 당시에 미술가 브라이언 가이신(Brion Gysin)은 글쓰기가 회화에 50년씩이나 뒤져 있다고 주장했다. 작가 케네스 골드스미스(Kenneth Goldsmith)는 이에 대해 그의 생각은 여전히 옳을지도 모른다고 했다. 그는 인상주의 이후 미술계에서 주류는 아방가르드라는 점을 그 이유로 든다.

골드스미스는 미술에서 혁신과 모험의 감수는 지속적으로 보상을 받아 왔다고 본다. 반면 모더니즘의 성공에도 불구하고 문학은 주류와 아방가르드가 거의 교차하지 않는 두 평행선 위에 머물렀다고 보고 디지털 문화의 조건이 예상치 못하게 양측의 견고한 발판을 흔들었다고 파악한다. 그것은 디지털 시대는 갑자기 저자에 대한 정의, 독창성, 그리고 의미가 만들어지는 방법에 관한 새로운 질문과 겨뤄야 하는 같은 배에 탔다는 사실과 마주

해야 하기 때문이라고 보았다. 회화가 추상화함으로써 사진에 대응했다면, 문예는 인터넷의 등장과 관련해 그와 다르게 반응하는 듯하다. 문예에 관한 전통적 개념이 주로 '독창성'과 '창조성'에 초점을 맞춘다면, 디지털 환경은 기존의 언어와 나날이 늘어나는 엄청난 양의 언어를 '조작'하고 '관리'하는 새로운 능력을 기르도록 만든다. 생성형 AI가 '창작'이 아닌 '조작'의 시대를 열지는 않을지 불길한 예감이 들기도 한다. 오늘날 작가는 글의 급증을 상대로 도전하고 주의를 끌기 위해 겨뤄야 하는 어려움에 직면했다. 이런 현상을 예기치 못한 방식으로 이용해, 전통적 방식으로 만들어 낸 작품만큼이나 표현과 의미가 풍부한 작품을 창작할 수 있다.

AI 리터러시

갈수록 자료 찾기에 활용될 수 있는 생성형 AI는 다양해지고 그 정확성 또한 더해질 것이다.

AI를 잘 활용하는 AI 리터러시는 작업의 효율성을 위해서는 덕목일 수도 있다. 그렇지만 궁극적으로 작가 자신의 문장 스타일과 경험에서 나온 독특한 표현법은 온전히 스스로 만들어 가는 것이 아닐까 한다.

아직까지 챗지피티(ChatGPT)를 학술 연구에 적용하는 것은 많은 위험이 따른다. 즉, 챗지피티가 제시하는 지식 데이터가 분석 대상인 텍스트를 올바르게 인식하고 있는지 검증 단계가 필요하며, 이를 위해서는 사용자의 판단이 필수 불가결하다. 이를 토대로 보았을 때, 챗지피티를 포함해 현재 배포된 거대언어모델(LLM)의 학술적 활용에는 사용자의 해석이 수반되어야 한다. 이러한 한계를 지니고 있다는 점을 인공지능을 활용하고 있는 연구자들은 주지해야 할 것이다. 그럼에도 일상에서 전반적 지식이 부족한 이들이 빠르게 정보를 습득하고 그 데이터를 활용할 수 있다는 긍정적 측면도 있다.

인공지능이 소설을 쓸 수 있을까?

일본 소설가 구단 리에(九段理江)는 『도쿄도 동정탑』으로 일본 최고 권위의 문학상 아쿠타가와상을 수상했다. 소설은 AI를 활용해 집필했는데, 전체 문장의 2%가량을 생성 문장으로 썼다고 밝혔다(중앙일보, 2024.8.18 참조). 전체 작품의 구상이나 소설을 통째로 쓰는 일을 맡겼다면 분명히 문제가 될 것이다. 그렇지만 일부라도 AI를 활용한 소설을 수상 작품으로 선정한 점에서 이례적이다. 향후 젊은 작가들을 중심으로 이런 사례가 더 늘어날 것은 분명하고 과연 AI의 활용 범위는 어디까지 용인

될 것인지에 대해서는 계속적인 논란이 예상된다.

대화와 토론을 통해 제자들이 자신의 무지를 스스로 깨닫길 바랐던 소크라테스가 걱정한 것은 '글'이란 새로운 발명품이었다. 이 대철인도 글쓰기를 익혀 받아 적는 일을 중시해 대화의 내용을 암기해서 말로 표현하려는 의지가 약해지는 젊은이들의 미래를 걱정했다. 예나 지금이나 요즘 젊은이들은 언제나 걱정거리였다.

스스로 생각하는 글쓰기를 등한시하고 '복붙'이나 챗지피티 같은 생성형 AI에 의존하는 젊은이를 걱정하는 교육자들의 마음은 소크라테스의 마음과 다를 바가 없을 듯하다. 오랜 세월이 지나도 기술적 수단은 언제나 인간의 지혜를 돕는 도구로 남아야 할 것이다. 또 인류의 집단 지성은 능히 그럴 수 있다고 낙관한다.

물론, 언제나 그래 왔듯 복잡한 이해관계 속에서도 적절한 규제와 진흥, 거기에 따르는 성숙한 윤리 의식이 세발자전거처럼 각각의 축으로 자리 잡는다는 큰 전제를 믿기에 하는 말이다.

창의적 글쓰기를 위해

창의적 글쓰기의 팁으로 제시하고 싶은 것 두 가지 정도는 실천했으면 한다.

첫째, 습관적인 검색에서 탈출해 스스로 생각하는 힘을 기르자. 이를 위해서는 풍부한 독서량이 밑바탕이 되어야 할 것이다. 철학 교사로 20여 권의 책을 쓴 베스트셀러 저자인 안광복은 『A4 한 장을 쓰는 힘』이라는 책에서 글을 잘 쓰려면 먼저 많이 읽고 일단 A4 용지 한 장을 메울 수 있는 능력부터 기르라고 조언한다.

둘째, 인터넷 알고리즘의 포로가 되지 말자. 우리는 웹 세상에서 늘 '확증 편향의 오류' 가능성에 노출돼 있고 알고리즘은 이를 강화하는 기제로 작용한다.

귀에 거슬리는 반대 의견에 대해 마음의 문을 닫는 폐쇄적 지식인이 아닌 '열린 마인드의 지성'으로 부단히 성장하려고 한다면, '확증 편향'이라는 만만치 않은 장벽을 치지 말아야 한다. 불완전한 자신의 '오류 가능성'에 대해 유연한 자세를 가졌으면 한다.

볼테르(Voltaire)는 "나는 당신이 내 의견에 반대할 권리를 목숨 걸고 지키겠다"라고 한 바 있다. 진정한 지성인에게 스스로 사색하고 자신의 오류 가능성을 차단하는 기쁨보다 큰 지적인 만족도 없을 것이다.

이제 인류가 갈대 펜에 검댕이나 숯을 물에 탄 잉크를 사용하거나 연적에 먹을 갈고 짐승 털로 만든 붓을 들고 쓰던 시대는 아득하다. 수백, 수천 년을 건너뛰어 21세기에는 노트북 컴퓨터에 자판을 두드리고 저장하고 출력하는 형식이 글쓰기의 스탠더드가 된 것처럼 보인다. 물론 작가 김훈처럼 깎은 연필을 손에 쥐고 원고지를 메우는 일부 원로 작가들도 여전히 필력을 과시하고 있기는 하다. 형식의 진보처럼 내용의 진보(또는 퇴보가 될지는 속단하기 이르지만) 또한 급진전할 수도 있다.

인류의 글쓰기는 생성형 AI의 출력물을 편집하고 읽으며 방대한 자료에 단지 자신의 생각을 몇 스푼 집어넣는 방식으로 진화(관점에 따라 퇴화일 수도 있지만)하고 그것이 '뉴 노멀'로 자리 잡는 썩 유쾌하지만은 않은 상상을 해 본다. 갈수록 창의적 글쓰기는 영혼을 갈아 넣는 노동 집약적인 일이 될 수 있다. 바로 그 점을 최고의 매력이라고 생각하는 이들도 아직은 버젓이 살아 있다. 비록 멸종 직전에 있을 수 있어도.

참고문헌

김일리(2024). 『브랜딩을 위한 글쓰기』. 위즈덤하우스.
류현정(2023). 『스토리테크 전쟁』. 리더스북.
박주택 외(2024). 『인공지능과 문학의 미래』. 경희대학교출판문화원.
안광복(2024). 『A4 한 장을 쓰는 힘』. 어크로스.
이재현(2023). 『인공지능과 알고리듬 사회』. 컴북스캠퍼스.

중앙일보(2024.8.18). "AI와 함께 쓴 소설, 독자들이 실제로 착각해 놀라".
https://www.joongang.co.kr/article/25271363https://www.joongang.co.kr/article/25271363

Goldsmith, K.(2011). *Uncreative Writing: Managing Language in the Digital Age*. Columbia University Press. 길예경·정주영 옮김(2023). 『문예 비창작: 디지털 환경에서 언어 다루기』. 워크룸프레스.

02
AI와 회화

현대 미술은 더 이상 작가들이 세련된 붓질을 겨루는 경연의 장이 아니다. 추상의 세계는 상상력을 얼마나 설득력 있게 구현하는지의 문제로 나아갔다. 테크닉 측면에서도 AI를 응용해 다양한 기법을 선보이고 있다. 이런 상황에서 회화 예술의 향방을 탐색해 본다.

AI와 MBTI?

인공지능이 바꾼 창작 지형

음악이면 음악, 글이면 글, 그림이면 그림, 이 모든 걸 다 잘하는 팔방미인 AI는 아직 없다. AI에도 이런 레오나르도 다빈치급 '팔방미인 AI'가 언젠가 만들어진다면 그것이 진정한 인공일반지능이 될 것이다. 그 성능의 문제이지 총체적인 지성이 융합된 인공일반지능은 개발될 수도 있을 것이다. 그렇다면 르네상스 시대 다빈치는 AI 시대에 부활하게 될 것이다.

구글의 '딥 드림 제너레이터(Deep Dream Generator)'는 그림을 그리는 데 특화된 인공지능이다. 실제로 명령어를 넣으면 어떤 화가에게 주문한 것보다 빠르게 실행할 수 있다.

'딥 드림'이나 다양한 수단을 사용해 작품을 만들면 그것이 어디까지 순수 창작물인가에 대한 논쟁은 있을 수 있다. 그렇지만 앤디 워홀(Andy Warhol)이 자신의 '팩토리'에서 직원들을 다수 고용해서 특정한 콘셉트를 정해서 작업을 지시하는 것과 AI를 활용하는 것은 크게 달라 보이지 않는다. 앤디 워홀의 조수들이 그의 '팩토리'에서 많은 품을 들여 작업을 했지만, 최종 사인은 앤디 워홀이 한다. AI가 작업한 작품에 이름을 붙이고 AI를 창작자로 대접하는 것은 어불성설일 수도 있다. AI라는 기계적인 시스템도 어디까지나 인간이 구상한 것의 피조물이기 때문이다.

이 점에서는 천현득의 주장과 맥락을 같이한다. 그는 예술의 창조성을 논할 때 근대 이전의 미메시스 관점과 달리 현대 주류 견해인 표현주의를 차용한다.

즉, 당신이 무언가를 예술적으로 창조한다면, 당신 자신 안의 무언가를 표현하는 것이다. 우리나라 법은 인간의 사상이나 감정을 '표현'한 것만을 저작물로 인정하며 그 법적 권리를 보호하고 있는데, 이 점도 표현주의를 반영한다.

인공지능이 창조성을 내적인 인식을 통해 발휘하는지 아니면 정교한 기계적 프로그램에 의해 산출하는 것인지는 해석의 여지가 있을 것이다. 현실적으로 눈물을 흘리는 기계가 없듯이 존 설(John Searle)의 '중국의 방' 예화처럼 기계적으로 작업을 할 수 있어도 깊은 내면의 감정을 담을 수는 없는 것이다. 반 고흐나 파블로 피카소를 설사 기능적으로는 아주 정교하게 흉내 낼 수 있어도 그들이 회화사에 혁신을 불어넣었던 그 원초적인 생각과 감정은 찾을 수 없는 것이다.

예술이나 예술 작품에 대한 평가나 인식은 상호작용에 의한 것이다. 유사하게 보일지라도 그것이 '위작'으로 밝혀지는 순간 그 그림의 가치는 없어진다. 유사한 결과물을 내어도 예술가의 오라(Aura)를 느끼는 심미안과 그 진정성을 인정하는 수용자가 손뼉을 마주쳐야 예술은 완성되는 것이다.

'렘브란트 AI'가 멋진 초상화를 그리고, '모네 AI'가 수련을 멋들어지게 그릴 수도 있을 것이다. 그 그림을 보고 일반인이 스탕달 신드롬을 일으켜 감동하고 쓰러질 수도 있다. 그렇지만 크리스티 경매에 AI의 작품이라고 올리는 순간 값은 달라질 것이다. 그림이나 예술의 세계는 언제나 작가들의 진정성과 그 작품에 대한 관점이 수용자와 강한 교감을 일으키는 순간에 그 가치를 발하는 것이다.

AI 도슨트의 등장

미술 작품을 소개하는 도슨트의 역할은 일정한 교육을 받고 그림에 대해 시대 배경이나 작가에 대한 다양한 지식을 대중에게 전달하는 것이다. 이런 역할도 AI가 한다면 대중의 반응은 어떨까? 한국에도 ㈜케이씨글로벌이라는 미술 기업이 2024년 8월 이런 시도를 했다. 업주는 판교 스타트업 캠퍼스에서 미술 기업을 운영하며 IT 기술을 예술에 접목하려고 시도했고, 기업에 맞춤형 AI 서비스를 제공하는 기업과 제휴를 했다고 한다(김미경, 2024.7.24).

향후 미술계에도 이런 움직임은 더 확산될 것이다. 고답적인 전시와 유화 작품 위주의 갤러리 문화는 언젠가는 구시대의 유물이 될지 모른다. 이미 세계 곳곳에서는 '미디어 아트' 내지는 유사한 이름으로 기술을 예술에 접목해 관람객에게 입체적인 즐거움을 주는 시도가 활발하게 펼쳐지고 있다.

그렇다고 기술이 예술의 근원을 압도해 인간의 숨결을 몰아낼 수는 없을 것이다. 아직까지 많은 애호가들이 고흐와 피카소 진품 전시가 열리는 미술관 앞에 장사진을 치고 긴 줄의 행렬에 끼려고 한다. 진품을 직접 보고 느끼려는 마음은 예술가의 '오라(aura)'를 기술이 쉽게 흉내 낼 수 없음을 보여 주고 있다. 이런 현상도 50년, 100년이 지나면 신인류에 의해 완전히 다른 '판'으로 바뀔지는 알 수 없다.

먼 훗날 '포스트 휴먼'이 인간의 숨결과 체온을 더 소중히 여길지 한갓 원시인의 어리석음으로 폐기할지는 쉽게 속단할 수 없는 일이다. 포스트 휴먼에게도 사피엔스의 디엔에이(DNA)가 남아 있다면, 더욱 세련된 감정 기술로 다빈치나 미켈란젤로의 숨결과 미세한 손길을

잡아내며 그 가치를 더 폭등시킬지도 모른다.

희귀한 스토리에 열광하며 그 가치를 어떤 명분으로 상승시킬지 안달을 내는 것은 사피엔스의 특성의 하나일지 모른다. 루브르에 있는 모나리자의 미소가 그렇게 큰 값어치를 가지게 된 스토리도 짚어 볼 필요가 있다. 아마도 애국심에 불타는 이탈리아인이 조상의 작품이 프랑스에 있는 것에 분개해(적어도 표면적으로는 그랬다. 한갓 금전욕에 눈이 멀었던 것일 수도 있지만) 〈모나리자〉를 루브르에서 훔쳤다. 2년 정도 후에 암시장에 나온 〈모나리자〉는 이후 루브르에 반환되었고 도난범은 가벼운 처벌을 받는 데 그쳤다. 결과적으로 전 세계를 떠들썩하게 만든 도난 사건은 그림의 가치를 올리는 화룡점정이 되었다.

현존 세계 최고가의 그림 〈살바토르 문디〉(레오나르도 다빈치의 작품으로 알려졌지만, 위작 논란이 많다)는 4억 5천만 달러에 크리스티에서 경매된 바 있다. 사우디 왕자의 수장고에 고이 간직되어 있을 것으로 짐작되지만, 이 그림은 경매 이후 한 번도 대중 앞에 나타나지 않았다. 위작 논란과 화려한 거래 이력조차도 가치에 영향을 주는 스토리로 회자되고 있다.

이 〈살바토르 문디〉가 작품 이름처럼 오일 머니 이후

의 새로운 부의 창출 창구를 고민하는 사우디아라비아의 진정한 '구세주'가 될지는 속단할 수 없다. 그러나 희소하고 비싸기 그지없는 '다빈치' 브랜드가 붙은 모나리자가 걸어간 길은 하나의 모델이 될 수 있다. 이 작품 컬렉터의 의도는 이미 절반은 성공하고 있는지도 모른다.

AI 창작물의 고도화

2022년 챗지피티(ChatGPT) 서비스가 등장한 이래 프롬프트에 명령어를 집어넣고 질문에 의해 콘텐츠를 추출하는 일은 문자 텍스트에 국한된 일이 아니다. 이제 생성형 AI와 이미지의 결합에 대한 관심 또한 폭발적으로 높아지고 있다. 챗지피티 서비스를 개발한 오픈(Open)AI의 달리(DALL-E)는 "반 고흐풍으로 해바라기를 그려 줘"라고 지시를 받으면 바로 이미지를 생성해 제공할 수 있다. 그 결과물은 점점 더 정교해지고 적어도 형식적으로는 인간이 몇 날 며칠 뜬눈으로 작업해 내도 모자랄 일들을 뚝딱 해내는 것이다. 2024년 생성형 AI 서비스인 '미드저니(Midjourney)'를 통해 제작한 〈스페이스 오페라 극장(Theâtre D'opéra Spatial)〉이라는 작품이 '콜로라도 주립 박람회 미술대회'의 디지털아트 부문에서 우승한 사례도 있다. 이런 사례는 더욱 빈번해질 것이고 AI에 의존한 작품에 대한 별도의 대회 또한 등장할 것으로 전망된다.

예술의 가치가 반드시 경매에서 거래되는 금액으로 평가될 일은 아닐 수도 있다. 그렇지만 지금 경매 시장에서 수백억 원 수천억 원이란 고가에 팔리는 작품들은 화가의 예술 혼, 거기에 세월의 풍화를 견딘 스토리가 숨어 있는 경우가 많다. AI가 인간의 솜씨를 정확히 모사할 수는 있어도 이런 인간의 이야기를 대신할 수는 없을 것이다.

생성형 AI 시대를 맞아 예술 교육 또한 많은 변화가 예상된다. 학생들을 융합형 교육으로 이끌 수 있는 수업이나 다양한 학제 간 연구가 필요한 시점이다.

물론 데생 솜씨로 미대 실기를 겨루는 문화 또한 상당 기간 지속될 수도 있을 것이다. 향후에는 특정 테마를 어떻게 대체불가토큰(NFT)으로 구현해서 확산시킨다든지 하는 소위 기술과 문화를 이해하는 방향의 교육도 활발해질 것으로 예상된다. 음대 작곡과 대학원 시험에서 AI의 특정한 소프트웨어나 프로그램을 활용한 작곡 솜씨를 겨루는 시대도 그리 먼 미래의 일은 아닐 것이다.

참고문헌

김미경(2024.7.24). [김미경의 '길 위의 미술'] 미술계에도 AI도슨트가 등장했다. 전자신문,
https://www.etnews.com/20240723000043

03
AI와 음악

음악 창작 공모에 AI가 5분이 채 안 걸려 뚝딱 만든 작품이 당선되기도 하는 기현상이 벌어진다. 기술과 예술의 경계에서 예술가의 창작혼은 어느 방향으로 가야 할까? 생성형 AI의 출현이 음악가들에게 남긴 숙제다.

AI와 난임 극복?

소리공학적으로 인간의 감성에 가장 잘 어필하는 음악은 어떤 것일까? 수많은 장르가 있고 80억 인류의 개성이 제각각이지만, 과거 거장들의 곡들을 AI가 머신러닝으로 학습한 결과물로 근사치의 답을 얻어 낼 수도 있을 것이다.

현실적으로 AI가 작곡한 음악이 우리 일상에 들어오는 날도 머지않았다. 이미 발 빠른 예술가나 엔지니어들은 실험적인 곡들을 선보이고 있다.

넓게 보면 음악 활동은 어떤 면에서 인간과 도구(악기나 음향 시설 등)의 결합이라고 할 수 있다. 물론, 극단적으로는 성악가가 아무런 반주나 마이크 장치 없이 자신의 음성만을 현장에서 들려줄 수도 있다. 인류는 오랜 세월에 걸쳐 유희와 오락으로 또는 특정한 의식의 형태로 음악을 진화시켰다.

이미 반세기 전 전자음악의 출현으로 변화의 빅뱅이 일어났다. 이제는 창작가가 오랜 수련을 통해 머리를 쥐어뜯는 노고로 만들었을 듯한 음악을 기계가 뚝딱 만드는 시대에 들어섰다. 여기에 파생되는 저작권이나 다양한 법리적 해석은 차치하고 우리는 기계의 창의성을 어디까지 인정하고 포용하고 갈지 근원적인 문제를 마주할 수밖에 없는 시점이다.

기술 낙관주의자들은 바둑이나 체스에서 AI가 이미 인간을 앞섰듯, 음악이나 창의적인 분야에서도 AI가 더 호소력 있는 작품을 만들 수 있을 것으로 전망할 수도 있다. 그렇지만 우리 정서를 다루는 문제는 단순히 기계적 메커니즘의 우수성 문제만은 아니다. 예술가의 '오라(aura)'나 동일한 시공간을 호흡하는 정서적 유대 같은 감정 또한 무시할 수 없는 요소다.

음악적 또는 예술적 창의성에서 그 우월함은 계량적으로 쉽게 평가할 수 있는 요소는 아니다. 빌보드 차트나 음반 판매량도 하나의 지표는 될 수 있어도 전부는 아니다. 지구 반대편의 스타를 보러 소년 소녀들이 한국으로 오는 못 말리는 '팬덤' 문화는 어떻게 볼 것인지에 대한 해답도 AI가 답하기는 쉽지 않을 것이다.

원유선은 "디지털 테크놀로지로 촉발된 음악적, 탈경계적 양상이 소리와 이미지의 차원을 뛰어넘어 현실과 가상, 유기체와 비유기체 등 이전과는 비교할 수 없이 급진적으로 나타난다"고 진단한다. 20세기 후반 포스트 모던 음악에서 등장했던 "태양 아래 새로운 것이 없다"는 논제는 이제 "태양 아래 재조합하지 못할 것은 없다"라는 말로 바뀌어야 할 만큼 작곡가들은 소리와 이미지, 과거와 현재, 시간과 공간 등을 자유자재로 해체하고 통합하며 새로운 예술적 양태를 선보이고 있다. 원한다면 무엇이든 손쉽게 혼합할 수 있는 환경이 도래하면서 작곡가는 훨씬 더 풍부한 재료로 요리할 수 있을 것이고, 음악은 전례 없는 감성의 풍년을 이룰 수 있다. 그렇지만, 이런 현상은 직업적 명성 측면에서 톱클래스에 이른 이들을 일부 제외한다면, 많은 종사자들에게 닥치는 직업적 불안감을 해소할 수는 없을 것이다.

볼프강 아마데우스 AI의 등장

창작은 인간 고유의 영역인가? AI가 딥러닝을 통해 과거의 유명 작곡가들의 음악을 학습시키고 새롭게 표현하게 하는 것은 어떤 의미에서 인간의 학습과 창작의 과정과 유사할 수 있다. 오히려 오랜 숙련을 위한 노력, 음악대학에서 많은 비용을 지불하고 배우는 인간의 행위들이 더 간편하게 압축된 기계적 행위로 대체된다. 전원과 일정한 프로그램이 있으면 루트비히 판 AI와 볼프강 아마데우스 AI는 그 역량을 초인적으로 발휘해 작품을 만들어 낼 수 있다. 예일대의 컴퓨터 공학자 도나 퀵(Donna Quick)이 개발한 '쿨리타(Kulitta)'는 음악적 문법과 규칙을 학습해 인간이 작곡한 것처럼 음악을 뚝딱 만들어 낸다. 쿨리타와 함께 스페인 말라가대학교의 '멜로믹스

(Melomics)'는 현대음악 작곡 AI '이아무스(Iamus)'를 개발했다. 이런 유형의 음악 작곡 애플리케이션은 앞으로도 더욱 진화된 형태로 속속 등장할 것이다.

지금은 AI가 작곡한 곡을 교향악단에서 실제 연주하는 사례도 어렵지 않게 찾을 수 있다. 이미 2017년에 대전시향 또한 이런 이벤트를 선보인 바 있다. 앞으로 베토벤과 인공지능의 작품이 동시에 무대에 오르는 일도 흔해질 수 있을 것이다.

AI 작곡 음악은 이제 쉽게 감상할 수 있다. 다만 이런 음악의 예술적 성취에 대한 평가는 예술의 영역에 대한 근원적 질문과 마주쳐야 할 상황이기도 하다. AI가 성취한 것들도 궁극적으로는 인간의 성과물을 바탕으로 만들어진 것이다. 어떤 작품은 과거에 없던 신기원을 이룬 '생성형'으로 만든 것일 수도 있다. 그렇다 하더라도 이 또한 인간이 만든 기계적 시스템에 의해 창출된 것이기에 온전히 기계 스스로가 해낸 것이라고 볼 수는 없을 것이다.

그렇지만 빅데이터 활용에 따라 저작권이나 창의성의 영역을 두고 발생할 무수한 쟁점은 충분히 예상할 수 있고 지금도 벌어지는 현상이다. 콘테스트 출품작이 우수하지만, 그것이 AI를 활용한 것이라는 이유로 탈락할 수도 있다. 작곡가들은 자신이 몇 달, 몇 년을 머리를 쥐어뜯으며 창조해 낸 것들을 기계가 고작 몇 분 만에 해내는 현실이 혼란스러울 수도 있을 것이다.

그렇지만 "하늘 아래 새로운 것은 없다"는 말처럼 과거의 내용을 학습하고 독창성을 발휘하는 창작의 메커니즘은 크게 보면 변하지 않을 것이다. 설사 과거를 전면적으로 부정하는 혁신 또한 역설적이게도 과거의 작품이라는 부정할 대상이 있기에 가능한 것이다.

피에르 바로(Pierre Barreau)는 테드 강연 "인공지능이 어떻게 당신의 삶에 맞춤화된 음악을 작곡할 수 있을까"에서 AI 작곡가 아이바(Aiva)를 만든 배경과 의미를 이렇게 설명했다.

> 베토벤은 실제로 사랑하는 사람을 위해서 〈엘리제를 위하여〉를 썼죠. 우리가 베토벤을 부활시켜 그가 여러분 옆자리에 앉아 여러분의 개성과 삶을 곡으로 표현한다면 어떨까요? 우리의 비전은 음악을 맞춤화해서 한 사람 한 사람 세상의 모두가 자기만의 음악을 가질 수 있도록 만드는 것입니다.(Barreau, 2018)

AI와 인간의 공존

인공지능(AI)은 인간 고유의 영역이라 여겨지던 예술 분야에도 영향력을 발휘하고 있다. AI를 활용한 문학, 미술, 영상이 속속 등장했다. 음악도 예외가 아니다. 2024년 8월 22일 서울 예술의전당 IBK챔버홀에서는 현대음악 연주 단체 TIMF앙상블이 '코드와 코드(Code and Chord in Co-Creation)'라는 AI를 활용한 작품을 선보였다.

AI와 이 곡을 '공동 창작'한 이지수(서울대 음대 교수)는 언론 인터뷰에서 자신이 "과학기술의 발전이 인류를 더 자유롭게 만들어 왔다는 역사적 사실을 보고 직접 체험한 세대"라면서도 "기술이 인간을 완전히 대체하는 것은 불가능하다"고 말했다.

음악은 공기의 진동, 즉 소리를 통해 예술가와 수용자의 감성의 공유는 물론 사색의 공간을 열어 주는 예술이라 할 수 있다. 철학자 쇼펜하우어는 음악에 예술 중에 최고의 지위를 부여했다. 그에 따르면 "음악은 세계 자체와 마찬가지로 전체 의지의 객관화이고 그 자체로는 직접 표상할 수 없는 원본의 모방"이라고 했다. 쇼펜하우어가 최고의 지위를 부여한 예술에 스마트한 기계, 그것도 인간에 근접한 기계가 참여하지 말라는 법은 없다.

책의 원고를 마감할 무렵에 AI와 인간의 또 다른 협연 소식이 들린다. 인공지능이 실내악단과 실시간으로 협연할 수 있을까. 음악과 디지털 기술 결합에 일가견이 있는 토드 매코버(Tod Machover) 매사추세츠공과대학(MIT) 미디어랩 교수가 한국에서 이 과제에 도전했다. 매코버는 2024년 8월 24일에 예술의전당에서 자신의 신곡 〈플로 심포니(Flow Symphony)〉를 한국의 실내악단 세종 솔로이스츠와 AI와의 협연으로 세계 최초로 공연했다. 호기심에 티켓을 구매한 바 있다. 세계 최초라고 홍보했던 이런 공연도 더욱 빈번해질 것이다.

참고문헌

백승찬(2024.8.18). AI 시대에도 최고의 창의성은 인간에게서 나와. 경향신문, https://www.khan.co.kr/culture/culture-general/article/202408181515001

오희숙 외(2022). 『음악에서의 AI와 포스트휴머니즘 미학』. 모노폴리.

Barreau, P.(2018). How AI could compose a personalized soundtrack to your life. https://www.youtube.com/watch?v=wYb3Wimn01s

04
AI와 영화 산업의 진화

할리우드에서 시나리오 작가들이 파업을 하고 성우나 배우들이 긴장하는 외신 보도는 낯선 풍경이 아니다. AI가 구현하는 영상은 영화 산업에 뤼미에르 형제가 준 충격에 버금가는 지진을 일으키고 있고 그 여진은 길어질 가능성이 크다.

AI와 사주?

영화는 이미 수십 년 전부터 세상에 기술 문명이 주는 유토피아의 그늘에 참담한 디스토피아가 웅크리고 있다는 경고를 무수히 보내왔다.

〈매트릭스〉의 문제 제기

〈매트릭스(The Matrix)〉는 1999년 워쇼스키 자매(당시 워쇼스키 형제, The Wachowski)가 감독한 SF 영화로, 인간이 인공지능에 의해 지배되는 일종의 가상공간 '매트릭스' 속에 존재한다는 설정에서 출발한다. 〈매트릭스〉에서는 인공지능 뇌에 직접 칩을 꽂아 서로 다른 뇌가 통신할 수 있게 함으로써 인간이 가상현실인 '매트릭스'를 마치 현실인 것처럼 느끼게 하는 기술을 선보인다.

또한, 〈매트릭스〉는 진정한 현실과 자유의지에 대한 철학적 질문을 던진 바 있다. 장자의 호접몽처럼 어떤 것이 현실인지 구분할 수 없는 경지의 세계를 묘사했다. 개봉 당시 매트릭스는 시각적 혁신과 복잡한 서사, 깊이 있는 주제로 인해 전 세계적인 열풍을 일으킨 바 있다.

2018년 스티븐 스필버그(Steven Spielberg) 감독의 영화 〈레디 플레이어 원(Ready Player One)〉에서는 사람의 오감 신호를 디지털 가상현실 신호로 대체해 사람들이 게임 속 현실처럼 느끼며 살아가는 모습이 그려졌다.

〈매트릭스〉는 현실과 가상, 그리고 자유의지와 운명에 대한 문제 제기를 시도하는 등 여러 가지 철학적 주제를 다루고 있다. 영화는 '매트릭스'라는 가상현실 속에서 인간이 살아가고 있다는 설정을 통해, 우리가 경험하는 현실이 진짜인지, 그리고 자유의지가 존재하는지에 대한 깊은 의문을 제기한다. 네오의 여정은 단순한 액션 이상의 의미를 지닌다. 자유의지와 선택의 문제를 중심으로 인간이 자신의 운명을 스스로 개척할 수 있는지에 대한 성찰을 담고 있어 기술 문명에 대응하는 인간의 지혜를 시험하는 듯하다.

또한, 영화는 기술의 진보와 그로 인한 인간성의 상실에 대한 경고도 보낸다. 인공지능이 인간을 통제하는 매트릭스의 세계는 기술이 인간의 삶을 지배할 수 있다는 두려움을 반영하며, 이러한 기술적 진보가 인간성을 어떻게 변형시킬 수 있는지에 대한 깊은 고민을 유도하기 때문이다.

영화는 이후에도 여러 편의 속편과 다양한 미디어로의 확장을 통해 그 영향력을 계속해서 넓혔고, 사이버펑크 장르와 철학적 SF 영화의 대표작이 되었다.

제임스 캐머런(James Cameron) 감독의 〈아바타(Avatar)〉(2022)에서는 인간의 뇌를 스캔해 아바타의 뇌와 동기화시켜 아바타를 그야말로 '아바타'로 조종하는 모습을 보여 준다.

사피엔스의 꿈

1.4킬로그램의 우주, 인간의 뇌에는 많은 생각을 담을 수 있는데 이는 오랜 학습에 의해 형성된 결과물이다. 그렇지만 영화적 상상력은 이런 우리 뇌를 자유자재로 업그레이드하고 외부와 연결하고 새로운 세계를 만들어 낸다.

이런 영화적 상상력을 발휘해 일론 머스크(Elon Musk)는 자신의 사업 세계를 펼쳐 가는데 '뉴럴 링크(Neuralink)'라는 회사는 영화적 상상력이 현실에 구현될 수 있음을 증명하려는 듯하다. 물론 칩 하나를 이식해 인간의 정체성에 혼란을 줄 수도 있는 정보들이 들어간다면 또 다른 윤리적인 문제에 봉착할 수도 있을 것이다. 아직은 초기 단계이지만 원숭이 실험이나 다각도의 검증을 통해 상용화된다면 일론 머스크 같은 '타이탄'들은 사피엔스의 꿈을 더 넓게 확장할 수 있을 것이다.

영화 〈터미네이터(The Terminator)〉에서는 악당 로봇이 세상을 끝장내는 날이 2029년으로 설정되어 있다. 제작 당시인 1984년에는 상당히 먼 미래로 보였겠지만 이제 코앞에 닥친 시점이다.

스티븐 호킹(Stephen Hawking)은 초지능 AI가 인류에게 큰 위협 요인이 될 것이라고 전망한 바 있다. 영화적 상상은 언제나 현실로 성큼 다가오지만 경계심을 가지라는 의미일 수도 있겠다. 적절한 규범을 만들고 선의로 사용한다면 AI가 인류의 번영에 기여할 수도 있을 것이다. 그렇지만 AI는 오펜하이머나 아인슈타인이 관여한 맨해튼 프로젝트의 원자탄과도 같은 것일 수도 있다. 터미네이터가 인류를 끝장내는 상상은 그저 상상으로 묻어 두어야 할 것이다.

인간과 AI가 결합한 모습을 긍정적으로 그린 영화 중의 하나가 1995년 작품인 〈공각기동대(攻殼機動隊)〉다. 이 영화는 사이보그 인간이 살아가는 미래의 모습을 그리는데 부정적인 면도 상당 부분 등장한다. 거의 모든 신체 기관이 대체 가능하다는 설정은 사이보그 인간의 보편화를 예상하게 만든다. 그렇지만 모든 장기를 대체하고 영생을 누린다면 그 자체가 하나의 거대한 재앙이 될 수 있음을 암시하는 영화다.

〈터미네이터〉는 기계 인간의 출현과 인류 문명에 대한 위협을 다루었다. 이제 인간이 스스로 영생의 사이보그로 진화하는 상상을 현실에 구현하려는 사피엔스의 욕망은 의료 분야에서부터 기술 발전과 함께 가시화되고 있다.

'뉴럴 링크' 시대를 바라보며

이제 영화적 상상은 현실이 되고 있다. 흔히 보는 치아의 임플란트처럼 뇌에 특정한 인식 기능을 이식하는 뉴로 임플란트를 통해 언어 기능을 회복시킨 사례도 있다. 2024년 8월 11일에 발표된 국제 학술지 ≪뉴잉글랜드 저널 오브 메디신(The New England Journal of Medicine)≫에 따르면, 미국 데이비스 캘리포니아대 연구진은 루게릭병을 앓고 있는 환자의 뇌에 전극을 이식해 정상적으로 대화하는 데 성공했다(동아일보, 2024.8.17 참조).

인간의 특징 중의 하나는 도구를 사용하는 '호모 파베르'라는 것이다. 인간은 어디까지 도구의 극한을 발명해 낼 것인가? 인간이 만든 도구에 이제 사피엔스의 전유물이라는 '스스로 생각하는 기능'까지 추가된다면 사피엔스의 종말이 가까워지는 것은 아닐까? 생성형 AI는 사피엔스의 운명과 관련해 이런 질문을 추가하도록 만들고 있다.

모든 기능이 압축되어 탑재된 스마트폰 하나만으로 인간의 정보를 활용하는 능력은 진보했다. 그렇지만 현대 도시 생활에서 스마트폰이 없으면 인간은 거의 불구가 되는 지경이 되었다. 컴퓨터 외장하드와도 같은 스마트폰이 없다면 친한 친구나 가족의 휴대전화 번호 몇 개도 제대로 기억하지 못하는 이들도 많다.

생활의 불편함을 해소하려다 점점 더 고성능 기기에 의존하는 삶으로 전이되어 온 것도 인간의 삶의 한 양식이 되었다. 그 기기의 성능이 너무 복잡해져 사용 여부에 따른 격차가 더욱 커지고 언젠가 그 기기가 인간을 지배한다는 생각은 수십 년 전부터 SF 영화에서 구현된 이야기다.

2020년 작 한국 영화 〈트랜스〉는 두뇌, 전기 자극을 통해 트랜스 휴먼이 되어 과거 자신을 괴롭힌 자들에게 복수하려는 한 소녀의 꿈에 관해 이야기한다. 뇌심부자극술은 이 아이디어를 실행에 옮기는 첫걸음이 될 수 있다. 2020년 개봉 한국 영화 〈인공지능 그녀〉는 BCI, 즉 뇌-컴퓨터 인터페이스(Brain-Computer Interface)가 표준이 된 세상을 묘사한다. 인간은 이 인터페이스를 통해 경험을 구매함과 동시에 AI 데이터의 노예가 되기도 한다. 이는 일부 AI 과학자들도 경고하고 있는 공포 시나리오를 상징적으로 나타낸 설정이다. 2021년 작 한국 영화 〈메이킹 메모리〉도 BCI에 관한 이야기다. 이 영화에서는 기계가 기억을 동영상으로 재생할 수 있게 하면서 수많은 사회 문제를 일으킨다.

2017년 작 일본 영화 〈정크 헤드(Junk Head)〉에서는 유전자 기술로 인간이 더 오래 살게 되지만, 그 결과 더는 자연 번식을 하지 못하면서 새로운 여러 문제가 발생한 이야기를 다룬다. 트랜스 휴머니즘의 문제를 정면으로 응시한 영화다.

2020년 칠레에서는 유전자 편집을 이용하여 후손의 삶의 질을 향상하려는 부부의 이야기를 다룬 단편 영화 〈테오(Theo)〉를 개봉한 바 있다. 이 영화 또한 트랜스 휴머니즘 차원의 문제작이다.

언제든 인간이 기계를 통제하는 것이 가능하다고 보는 시각은 기술 발전의 결정적인 임계점, 즉 '싱귤래러티(singularity)'에 달할 때는 레이 커즈와일(Ray Kurzweil)의 예언처럼 달라질 수도 있을 것이다.

인공지능이 유토피아를 열지 디스토피아를 열지를 가늠하는 선용과 악용의 소지는 모두 다 열려 있다. 포르노, 정치적 혐오 조장, 드론 테러 같은 일에 동원되는 AI 기술을 지금 외신으로 접하는 일은 흔한 일상이 되었다. 딥페이크 기술로 만든 성적 음란물이 인권을 침해하는 일도 2024년 현재 한국의 사회 문제로 대두되고 있다.

1999년 개봉 당시 〈매트릭스〉는 영상미와 깊이 있는 주제의 서사 측면에서 모두 세계적인 화제를 일으켰다. 세기말의 불안과 과학기술의 진보가 결부된 현실에서 영화가 하나의 대중문화 상품 이상의 문제 제기를 해냈다고 할 수도 있다. 생성형 AI가 인류에게 무한한 편의성을 증진해 줄 것이라는 신화는 이제 서서히 그 위험성에 대한 우려와 함께 고려되어야만 할 시점에 있다. 딥페이크 기술의 범람과 그 폐해는 인류에게 새로운 숙제를 안겨 주고 있기 때문이다. "지배할 것인가? 지배당할 것인가?" SF 영화의 익숙한 홍보 문구 같은 말이다. 이제 이 말은 인류가 AI 시대에 지혜롭게 현실을 헤쳐 갈 시금석으로도 손색이 없어 보인다.

참고문헌

동아일보(2024.8.17). 루게릭병 환자에 '뇌 임플란트'… "5년만에 목소리 찾아" 감격.
https://www.donga.com/news/article/all/20240817/126557644/2

Kleine-Gunk, B. & Sorgner, S. L.(2015). *Homo Ex Machina*. CreateSpace Independent Publishing Platform. 박재현 옮김(2024). 『호모 엑스 마키나』. 와이즈베리.

05
AI와 미디어 환경 변화

미디어 산업의 혁신은 기술 발전에 따라 가속화되어 왔다. 여기에 더해 생성형 AI는 인력 운영이나 콘텐츠 제작 등에서 다방면의 경영 혁신을 유인할 것으로 전망된다.

AI와 아이돌?

생성형 AI가 촉발할 미디어 환경

스포츠 중계에서 필드의 유명 선수들 음성을 흉내 내는 AI가 감정을 실어 자신의 플레이에 대해 설명하는 장면은 쉽게 상상할 수 있고 실제로 구현된 사례도 있다. SBS는 2024년 SK텔레콤 오픈 골프대회에서 최경주 프로의 음성을 AI로 재현해 중계한 바 있다. 또한 AI가 중계방송에서 증강현실(AR), 가상현실(VR)을 넘어 다양한 방식으로 응용될 여지는 무궁무진하다.

미디어 기업이 콘텐츠를 출시할 때의 고민은 근본적으로 수용자의 한정된 시간을 어떻게 빼앗아 갈 것인지에 대한 것이다.

예측이 쉬울 것 같아도 변덕이 심하고 늘 새로움을 갈구하는 대중의 취향을 맞추는 일은 과거의 패러다임만으로는 쉽지 않다. 미래는 빨리 오기도 하고 느리게 오기도 한다. 기술적인 문제나 대중의 눈높이를 맞추는 데 실패해 '캐즘'에 걸린 선발주자는 많은 어려움을 겪기도 한다. 그렇지만 티핑포인트는 어느새 눈앞에 나타나 있는 경우가 있다. 생성형 AI와 미디어 산업의 경우도 그럴 수 있다. 과거 인공지능 시대에 대한 호들갑스러운 전망도 두 번의 겨울을 겪으며 사그라들기도 했지만, 이번 생성형 AI의 파고는 본질적으로 다르다.

늦거나 혹은 빠르거나

TV가 등장하자 많은 이들이 라디오와 극장용 영화의 종말을 예견했다. 그러나 라디오는 오히려 운전이나 독서 중에 유용하게 활용되는 특화된 미디어, 정보 전달의 유효한 수단으로 건재하다. 영화관은 멀티플렉스 체제에 와이드 스크린에 구현되는 입체 영상으로 여전히 자신의 성을 굳건히 지키고 있다.

20여 년 전부터 미디어 시장에서 빅뱅을 얘기하고, 디지털 컨버전스의 가속화를 전망하는 목소리는 컸다. 인터넷 시대가 왔을 때 많은 이들이 종이 신문의 멸종을 얘기했지만, 그래도 종이의 물성을 찾는 종이책의 독자처럼 종이 신문을 읽는 독자들도 있다. 그렇지만 종이 신문에 대한 부고장은 예고된 것처럼 보여서 신문 부수는 하루가 다르게 줄어들고, 세계 유수의 신문사들이 인터넷 확장 전략에 나선 지도 이미 오래다. 뉴욕타임스는 '페이월(paywall)'이라는 유료화 정책을 안착시켜 모범 사례를 만들었다.

인공지능 기술의 발달로 영상 미디어의 생태계가 급변하고 있다. 영상 미디어 제작에서부터 소비되는 제반 환경에 AI 기술을 응용함으로써 기존의 미디어 형태나 소비 패턴의 급격한 변화는 가속화될 것이다.

콘텐츠 제작의 출발점이 되는 극본의 경우 AI 기반의 시나리오 작성이 하나의 옵션으로 작용할 일도 먼 미래의 일만은 아닐 것이다. 저작권 이슈나 작가 단체의 반대(미국 할리우드 작가조합에서는 2023년 일자리 위협에 대응해 단체 행동에 나선 바 있다), 인기 작가에 대한 팬덤 요인이 있을 수 있으나 궁극적으로는 AI 기반의 원작이 히트작이 되거나 이와 관련한 특정한 변곡점이 발생할 경우 일정한 공존의 룰이 만들어질 것으로 전망된다.

이렇게 되면 인간 고유의 영역이라고 여겨져 왔던 스토리 창작(Storytelling) 분야까지 AI의 활용 범위가 확장될 수 있다는 점을 주목할 필요가 있다.

초기에는 창작자의 생산성 향상을 위한 목적으로 기술이 적용되었다. 이스라엘 스타트업 업체인 '볼트(Vault)'에서는 2015년부터 시나리오만 보고도 영화의 흥행을 예측하는 서비스를 제공하고 있다. 이 업체는 약 30~40만개의 시나리오를 학습하여 흥행에 미치는 패턴들을 분석하였고, 새로운 시나리오의 흥행 여부에 대해 65~70퍼센트의 정확도를 보이고 있다. 캐나다의 그린라이트 이센셜(Greenlight Essentials)에서는 인공지능을 기반으로 영화 제작자를 위한 솔루션을 개발하고 있다. 이 업체에서는 2016년에 세계 최초로 인공지능이 창작한 시놉시스를 기반으로 〈임파서블 싱(Impossible things)〉이라는 제목의 영화를 제작한 바도 있다.

AI와 '뉴 노멀'

기술적으로는 AI가 머신러닝으로 학습한 시나리오를 분석하고 영화나 드라마 흥행작의 공통적인 요소를 집어넣어 시나리오를 금세 만들어 내는 일은 어렵지 않게 실현될 수도 있을 것이다. 이런 현상이 '뉴 노멀'이 되면 제작자들은 원작이 검증된 바 없고 흥행이 불투명한 신진 작가들의 작품을 위험부담을 안고 시장에 내놓는 대신 AI에 시나리오나 극본을 의뢰할지도 모른다.

드론 촬영은 이미 영상물 제작에서 일상화된 수준이다. 드론 기술은 전쟁 지역이나 위험 지역은 물론 인간의 발길이 닿기 힘든 곳에 대한 다양한 현장 영상을 제공하고 있다.

시나리오라는 창작의 영역에도 기계가 침범했다면 이제 최후의 보루인 시나리오와 배우, 기술 등을 총괄하고 프로그램을 기획하고 연출하는 방송 피디(PD)의 영역은 과연 난공불락의 성(城)일까?

2024년 2월 27일부터 3월 12일까지 3회에 걸쳐 방송된 〈PD가 사라졌다!〉는 AI 피디 '엠파고'가 MBC에 입사해 프로그램을 연출하는 과정을 담았다. AI 피디의 지시에 따라 출연자들이 서바이벌에 임하고 그 과정을 보여준 일종의 사회 실험 프로젝트다. 프로그램을 기획한 최민근 피디는 "첨단 기술은 우리가 생각하는 것보다 훨씬 더 갖춰졌다. 다만 킬러 콘텐츠가 없어서 확산이 덜 됐을 뿐이라고 생각한다"며 "재미난 콘텐츠가 나오고 기술이 확산된다면 방송 패러다임도 확 바뀔 것"이라고 내다봤다.

이미 광고 분야에서 AI의 열풍은 거세다. 광고 영상물은 대개 30초 이내의 비교적 짧은 영상물이기에 생성형 AI 기술의 응용이 활발하게 이루어지고 있다. 광고 카피 또한 쉽게 접근이 가능한 영역이라 AI 기술이 폭넓게 도입되고 있다.

AI 기술의 광고 제작 도입은 단순한 효율성 향상을 넘어, 제작의 새로운 패러다임을 제시하고 있다. 더 많은 기업들이 AI 기술을 사용하고 새로운 영상 기법을 활용해 혁신을 통한 산업 발전을 견인할 것으로 전망된다.

공기관인 한국방송광고진흥공사(KOBACO)는 자체적으로 개발한 '아이작' 프로그램을 AI 제작 환경이 취약한 기업에게 무료로 활용할 수 있게 개방하고 있다. 공기관 IT 인프라 개방형 서비스로 공기관과 중소기업의 상생 모델의 하나라 하겠다.

AI 기술은 콘텐츠 검색과 맞춤형 알고리즘 추천, 필요한 영상 추출과 자막 생성, 라이브러리 연동과 아카이빙 구축 등에 폭넓게 활용되고 있다. AI는 앞서 살펴본 대로 창작의 영역에까지 범위를 넓혀 영상 콘텐츠 생산, 가상의 모델 구현에도 응용되어 광고 제작비 측면의 혁신도 꾀할 수 있게 했다.

AI가 만들 양지와 음지

AI가 견인하는 다방면의 기술적 요인들은 이렇게 미디어 생태계 전반에 변화를 촉발하고 혁신의 동력이 되고 있다. 인공지능 기술은 긍정적인 양지를 넓히기도 하지만, 음지를 만들기도 한다. 광범위한 표절과 정체불명의 콘텐츠를 양산할 우려 또한 큰 것이다. 특히, 저작권 문제는 콘텐츠 산업에서 주요한 쟁점이 되고 있다. 현행법상 인공지능이 창작한 결과물은 저작권법의 보호를 받기 어려운 현실에서 저작물의 성격과 창작성 판단, 인간 창작물과의 차별적인 저작권 보호 범위 등 저작권법은 지속적인 업데이트가 필요하다.

"2025년까지 온라인 콘텐츠의 90퍼센트가 생성형 인공지능에 의해 만들어질 것이다." 2024년 4월에 화장품

브랜드 '도브'는 자사의 캠페인에 이런 과감한 표현으로 닥쳐올 미래를 다소 급진적으로 예측했다.

인류는 기술 발전의 수혜를 누리게 되는 커다란 변곡점에서 늘 상충하는 가치로 고민하며 진보와 퇴보 사이에서 균형추를 아슬아슬하게 잡으며 걸어왔다. 일찍이 산업혁명 시기에는 '러다이트'라는 기계 파괴 운동도 있었다. 다게르(Louis-Jacques-Mandé Daguerre)의 사진 기술은 초상화로 생계를 꾸리는 사람들을 불안하게 했다. 뤼미에르 형제가 최초로 상영하는 영화에서 증기 기차가 움직이는 영상을 보았을 때는 관객들 모두가 움찔하며 자리를 피하는 소동도 벌어졌다.

체코 출신의 미디어 철학자 빌렘 플루서(Vilém Flusser)는 "기술은 단순한 도구가 아니라 새로운 의미를 창출하는 장치"로 보았다. 그는 카메라를 예로 들어 사물을 그 자체의 모습으로 재현하는 것이 아니라 새로운 방법으로 해석하고 표현하는 일종의 유희로 본 것이다.

우리는 사진 예술가에게 우리가 눈으로 보는 사물의 아름다움을 그대로 재현하는 것에서 나아간 개성 있는 표현을 기대한다. 이는 카메라의 각도, 빛의 노출량 조절이나 다양한 기법을 새로운 방식으로 적용함으로써 가능할 것이다. 같은 사물에 대해서도 수백 수천 가지의 표현이 일종의 인간의 '놀이 본능'을 자극하고 신선한 즐거움을 준다.

미디어 산업뿐만이 아니라 AI에 대한 무수한 담론과 의제는 이제 '인류세'의 화두가 되었다. 극단적으로 우리 인류는 그 수명을 다하고 기계가 지배하는 세상에 정복될 것이라는 '디스토피아'를 과격하게 전망할 수도 있다.

그렇지만 기계장치는 언제나 심장이 뛰는 인간의 지혜와 '선의지(善意志)'로 그 역할을 할 때 유토피아 같은 신천지를 만들어 주었다. 설렘과 기대로 즐거운 놀이의 마당에 나서는 마음으로 AI 세상을 접하면 어떨까.

고전적인 텍스트는 이제 다양한 형태로 재창출되어 원본과 복사본의 경계를 흐릿하게 만들고 있다. 철학자 장 보드리야르는 "현대사회는 원본과 복사본, 현실과 가상의 경계가 희미해져 가는 시대"라고 했는데 실제로 우리가 디지털 기기로 만들어 내는 텍스트는 디지털 컨버전스에 따라 다차원적으로 융합되고 있다.

미디어의 발달은 자연스럽게 수용자의 의식과 커뮤니케이션 방식, 텍스트의 전달과 향유의 패러다임, 창작물의 생산과 유통을 현격히 바꿔 놓았다.

15세기에 있었던 활판 인쇄술의 등장, 19세기에 있었던 사진의 발명, 20세기의 미디어와 대중문화의 주류를 이룬 TV와 영화의 등장은 기술 발전이 견인하는 인간의 의식 세계와 행위 구조의 변화를 현격하게 보여 준다.

기술은 어떤 방식으로든지 인간의 편의성을 증대하지만, 거기에 따른 새로운 규범의 정립과 함께 저작권 문제나 창작 윤리 측면에서의 새로운 접근 패러다임을 요구할 것이다.

확장된 신체 기관

캐나다의 미디어학자인 마셜 매클루언(Marshall McLuhan)은 1964년에 역저 『미디어의 이해(Understanding Media)』를 출간했다. 책의 부제 '인간의 확장'이 암시하듯, 매클루언은 미디어를 인간의 감각과 능력의 '확장'으로 해석한다.

제한된 인간의 감각과 능력은 미디어를 통해 확장한다는 것이 책의 골자다. 텔레비전은 인간의 눈과 귀를 확장해 오락의 기능은 물론 인간의 인지력을 늘리는 역할을 하고 있다. 물론 현대사회에서 TV가 가지는 여러 기능은 이미 일상의 한 부분으로 자리 잡아서 다각도로 해석될 수 있고, 이 부분은 현재까지도 많은 미디어 관련 학자들이 활발히 연구하고 있다.

이런 매클루언의 관점에서 본다면 인간의 가장 정교

한 신체 기관인 '뇌'를 확장하려는 오래된 꿈이 바로 AI로 구현된 세상일 것이다.

알파고와 이세돌의 바둑 대국에 이어 커제(柯洁)와의 대국도 있었다. 3패를 당한 커제가 울음을 터트린 건 분한 마음 때문일까. 인간 대표로서 기계에 무너졌다는 자괴감 때문일까, 인간과 기계의 미래를 말할 때 많은 자연과학자와 인문, 사회학자들의 예언은 그래도 인간이 헤게모니를 가지고 우리의 운명을 헤쳐 갈 수 있을 것이란 쪽이다.

그것을 누가 장담할 수 있을까. 많은 청소년 부모들이 게임이나 기계와의 놀이를 별 생산적이지 않은 것에 몰입하는 것으로 보고 걱정하고 중단을 시도하지만 실패한다. 야단을 쳐도 거기에 지배당한 자녀의 마음을 이길 수 없음을 알고 가끔 체념한다. 적어도 상당한 수의 청소년들에게는 기계가 부모보다 강력한 힘을 발휘한다.

인간은 다양한 방식으로 인공지능에 복속되어 시간과 노동을 제공하고 있다. 유튜브에 자신의 영상물을 업로드하고 페이스북이나 인스타그램에 이야기와 주장을 올린다. 여기에 더해 그림을 올리는 것은 고상한 놀이라고 넘어갈 수 있다. 배달을 위해 휴대폰을 여러 개 들고 인간을 대리한 기계의 명령에 따라 허겁지겁 배달 물건을

나르는 것도 하나의 생존 방식이다. AI 피디가 지시한 대로 연기하는 배우들도 늘어날 것이다. 좀 더 진화된 형태의 '알파고'와 '엠파고' 는 인간의 성역을 넘볼 수도 있다.

생성형 AI도 어디까지나 인간을 대리한 기계다. 그렇지만 미래 어느 순간에는 아예 기계가 내리는 명령에 인간이 하늘을 날 수 있는 진화된 모터사이클을 타고 부리나케 달려가야만 하는 건 아닐까. 그러기에 21세기 어느 도시에서 벌어지는 '배달'이라는 일상의 풍경 하나는 씁쓸함을 안겨 준다.

참고문헌

더팩트(2024.3.4). PD가 사라졌다.
https://news.tf.co.kr/read/entertain/2079710.htm

06

AI와 저널리즘

딥 페이크 관련 범죄 뉴스가 흔해졌다. 신뢰를 생명으로 하는 '저널리즘'도 위기를 맞고 있다. AI의 신천지는 늘 양지만 있지 않고 그림자를 드리울 수 있다. AI 시대의 저널리즘은 어디로 가야 하는가?

AI와 야구?

AI 기자가 빅데이터를 바탕으로 심층 질문을 하고 취재원과 대화하는 장면도 쉽게 상상할 수 있는 시대가 되었다. 문제는 팩트 보도와 페이크 뉴스 사이에서 진실이 실종될 수 있는 개연성이다. 인간의 눈으로 엄밀히 검증하는 문제는 저널리즘의 본령이자 여전히 최후의 마지노선이 되어야 할 것이다.

AI 시대의 저널리즘은 어디로 가야 하는가? 고도 자동화 기술을 뉴스에 활용할 길을 찾던 현직 언론인 세 명이 현장 기록을 내놨다. 현직 기자들의 저서『AI 시대의 저널리즘: 로봇 기자와의 '고군분투' 실무 체험기』가 나온 시점은 이미 5년 전이다. 이제 생성형 AI 시대는 더 치열하게 저널리즘의 본령에 대한 질문을 던지고 있다.

자동화나 AI 도입은 적당한 기술을 개발해 스위치만 켜면 되는 만만한 일이 아니다. 실제로는 장기 이식 수술에 비유해야 할 정도로 복잡한 일이다. 기존 비즈니스 프로세스에 이질적인 자동화 기술을 부작용 없이 접목해야 하기 때문이다. 책 속에서 기자들은 '알고리즘은 저널리즘의 반대말'이라는 자조적인 실소를 넘어 기계와 인간 기자의 '황금' 조합 비율을 찾으려는 여정을 소개한다.

한국보다 수년 더 빨리 자동화 기술을 도입하고 점점

더 늘리고 있는 AP통신, 로이터, 블룸버그 등 해외 유수 언론사들이 많다. 이들은 간단한 기사를 자동 처리하는 단계를 넘어 인간의 눈엔 잘 안 보이는 팩트를 AI가 찾아내도록 하는 단계로 나아가고 있다. 자동화 덕분에 언론사는 비용을 줄이고, 다양한 콘텐츠와 유용한 정보를 생산할 가능성도 커졌다. 반면에 기계에 의한 기술적인 오류 가능성, 속보에 쫓기는 언론의 속성상 팩트 체크가 부실할 경우에 벌어질 사회적 악영향 또한 경계할 일이다. 이는 개별 언론사를 넘어 전체 언론에 대한 불신으로 이어질 공산이 크다.

AI가 연출한 풍경들

저널리즘 분야에도 기계가 고도의 판단을 하고 팩트를 체크하고 검증하는 시대가 언젠가는 올 것이다. 그렇게 되면 AI 기자나 전문적인 분석관의 자리 또한 편집국의 한쪽에 마련해야 할지도 모른다. 기계가 인간의 지능을 능가하는 시점, 즉 특이점에 대해서는 과학자들의 의견이 갈리지만 그 시간은 점점 더 가까워지고 있는 것 또한 사실이다. 2023년 오픈AI가 생성형 AI를 출시한 것은 그 시계를 단축한 상징적 사건이다.

AI 앵커와 로봇 기자 같은 형태는 다소간 조잡하나마

한국 언론에도 20여 년 전부터 꾸준히 등장했다. 그렇지만 대개는 유명 앵커의 캐릭터를 흉내 내는 조악한 수준의 캐릭터 상품과 같은 것이었다. 이제 딥페이크 기술의 진보로 특정한 앵커나 기자의 모습을 실제와 거의 같은 수준으로 모사하는 단계가 되었다. 이때 우려되는 것이 페이크 뉴스와 그에 따른 저널리즘의 신뢰성 문제다. 이는 곧 기술 발전에 따른 새로운 규범과 윤리 의식이 기술 못지않게 중요한 이유다.

또한, 인터넷 알고리즘 체계는 투명성과 신뢰성에 의문을 낳을 수 있다. 현재로서는 AI 알고리즘이 저널리즘에서 수행하는 주요 역할을 알고 있는 사람이나 그 의미를 찾는 시선이 지극히 드물다. 따라서 사용자들이 알고리즘 투명성을 요구하는 일은 매우 드물다. 하지만 이는 자동화된 뉴스가 더 널리 보급되고, 이 과정에서 오류가 자주 발생하면 빠르게 바뀔 수 있다. 예를 들어 프로그래밍 오류나 해킹으로 인해 알고리즘이 많은 잘못된 기사를 생산하는 상황을 상상해 보자. 그러한 사건은 즉시 알고리즘 투명성에 대한 빗발치는 요구로 이어질 수도 있다.

첨단 기술계 연구자 닉 보스트롬(Nick Bostrom)은 자신의 베스트셀러 『슈퍼인텔리전스(Superintelligence:

paths, dangers, strategies)』에서 호모 종족의 미래를 다소 회의적으로 본다. 보스트롬은 인간이 미래 세계를 지배할 AI에 인간의 특성을 너무 많이 부여하는 경향이 있다고 지적한다. AI는 지금까지 인간의 사고와 비교할 수 없는 완전히 다른 인지 구조를 가질 가능성이 더 크다. 따라서 이런 AI가 사랑, 증오, 두려움, 기쁨 같은 인간의 감정을 느낀다고 할 수는 없다. 이 같은 AI가 초래할 미래는 인류가 사라지는 데도 일조할 것이라고 본다. 반면에 미국의 인지 심리학자 스티븐 핑커(Steven Pinker)는 마법처럼 성능 좋은 컴퓨터만 있으면 모든 게 이루어질 수 있다는 생각에 반대하고 인류의 미래도 유토피아적으로 낙관하는 쪽이다.

생성형 AI 기술의 출현은 콘텐츠 기획, 제작, 편집, 유통, 마케팅, 소비에 이르기까지 미디어 산업의 전 영역에 변화를 가져왔다. 또 인공지능 기술이 발달함에 따라 다양한 쟁점을 함께 양산하고 있다. 특히 저널리즘은 '딥페이크'라는 암초를 만나서 피하지 못할 경우 신뢰를 잃게 될 엄청나게 큰 위기에 직면해 있다.

신뢰의 위기

신뢰의 위기를 극복할 보도는 결국 심층성과 팩트 검증

의 엄밀성이라는 저널리즘 본연의 목적을 찾아 기본으로 다시 돌아가는 것일 수도 있다.

뉴스 생산은 인간의 가치관이나 판단력이 개입되는 뼛속까지 인간적인 일처럼 보이는 일이었다. 적어도 10여 년 전에는. 이제 뉴스 제작은 물론, 인간이 가진 고유의 심미안으로 새로움을 추구하는 예술 창작의 영역까지도 생성형 AI 시대에 기계가 접근하지 못할 성역은 결코 아닌 시대가 되었다.

여기저기서 지금의 시대를 "탈진실 사회"라고 하며 저널리즘의 위기를 진단하는 목소리는 커지고 있다.

잘못된 신념을 가진 이들이 이를 바로잡을 사실을 접할 때는 그 사실을 거부할 갖가지 이유를 댄다.

AI 시대 저널리즘의 본령 또한 확증 편향과 특정한 알고리즘의 노예 상태로 사는 대중에게 각성제 역할을 해야 할 것이다.

최근 미디어 환경은 '케이블'이다 '지상파'다 하는 전송 경로가 거의 무의미해진 수준이 되었다. 콘텐츠가 OTT나 유튜브로 활발히 유통되고 있다. 또한 수용자의 취향에 맞춘 자동 추천 알고리즘은 미디어 콘텐츠 소비의 편의성을 증진한 측면도 있다.

반면에 빅테크 기업이 알고리즘으로 지배적 플랫폼의

지위를 지속적으로 강화하는 현상에 대해서는 미국이나 유럽연합(EU) 각국에서 규제 움직임도 보이고 있다.

페이스북, 유튜브 등의 추천 알고리즘은 '보고 싶은 것' 혹은 '관심 보일 만한 것'만 집중적으로 노출해 이용자의 시선을 붙잡아 두는 것이다. 문제는 그 반대급부로 사회적 아젠다에 대한 '확증 편향' 현상은 더욱 강화되어 사회 통합에 저해되는 요소가 있다. 이런 부작용을 피하려면 이용자 스스로가 '토끼 굴'에 빠지지 않으려고 노력할 필요가 있다. 여기에 대한 규제 당국의 치밀한 접근은 미디어 콘텐츠 소비자는 물론 건강한 시민사회 형성을 위해서도 필요한 과제라 하겠다.

그것은 곧 더 깊은 지식과 팩트로 더 철저히 무장하고 기계적 오류와 상식에 반기를 들 수 있는 열린 자세일 것이다.

미래는 쉽게 예측하기 어렵다. 그러기에 유토피아적 관점에서 낙관하고 기계는 인간의 통제하에 있을 뿐이라는 측과 특이점을 지나면 AI가 인간을 지배하고 인간이 그들의 반려동물 수준으로 전락할지도 모른다는 쪽이 팽팽하게 공존하고 있다. 레이 커즈와일(Ray Kurzweil)은 AI 분야의 노스트라다무스가 될까? 2005년에 저서 『특이점이 온다(The Singularity is Near)』에서 그는 2045년을 변곡점으로 보았다. 미디어 산업에도 특이점이 온다면 그 많은 저널리스트는 사라지고 언론사 편집실에는 소수의 관리자와 대용량 컴퓨터 몇 대만 있는 시대가 될 것인가. 속단하기는 이르다.

참고문헌

김태균 외(2019). 『AI시대의 저널리즘』. 커뮤니케이션북스.

박창섭(2023). 『AI저널리즘』. 두리반.

카이스트 미래전략 연구센터(2023). 『카이스트 미래전략 2024』. 김영사.

Kleine-Gunk, B. & Sorgner, S. L.(2015). *Homo Ex Machina*. CreateSpace Independent Publishing Platform. 박재현 옮김(2024). 『호모 엑스 마키나』. 와이즈베리.

Patterson, T. E.(2013). *Informing the News: The Need for Knowledge-based Journalism*. Knopf Doubleday Publishing Group. 오현경 옮김(2018), 『뉴스생태학』. 한울.

07
호모 프롬프트 시대의 창작

인류는 문자 발명 이전, 지식 전수의 암흑기를 지나 경전을 외우고 학습하던 '기억의 시대'를 거쳤다. 이어 활판 인쇄술로 지식의 대량 복제 및 불특정 다수에 대한 대규모 전파의 시대를 지났다. 인류 최근세사에는 기억의 상당 부분을 외부에 저장하거나 의존하는 인터넷 세상을 맞아 '검색의 시대'로 옮아갔다. 생성형 AI의 등장은 이제 '질문의 시대'를 열었다.

AI와 윤동주?

질문의 시대

생성형 AI 활용을 위해서는 프롬프트에 적절한 질문을 입력해야 한다. 좋은 질문과 좋은 데이터가 양질의 창작을 끌어낼 수도 있는 시대다. 양질의 질문을 넣을 수 있는 능력과 거기에 표절이나 보편의 규범을 준수하는 윤리 의식은 이제 창작자의 필수적인 소양이 될지도 모른다. 저작권에 대한 무지로 화를 자초할 수 있기에 국가저작권위원회 같은 공신력 있는 공기관의 가이드라인을 준용하고 저작권 침해 요인을 차단하려는 노력이 필요하다.

급진적인 논자들은 인공지능이 예술 분야에서 활용됨에 따라 전통적인 예술가들의 역할이 줄어들 수 있다고도 평가한다. 이는 인공지능과 예술의 결합이 많은 윤리적, 사회적 문제 소지를 포함하고 있으며 이러한 문제들을 해결하기 위해서는 예술 분야 내에서의 논의뿐만 아니라 기술, 법, 문화, 예술 각 분야의 전문가들이 함께 토론하고 협력할 필요가 있음을 방증하는 것이기도 하다.

인공지능이 머신러닝으로 학습한 데이터의 팩트가 왜곡되거나 특정인이나 집단의 주장에 의해 신뢰할 수 없는 경우도 많다. 이 경우의 검증은 필수적인데 이를 소홀히 할 경우 전반적인 글이나 작품의 완성도에 해악을 끼

칠 것이다. 특히나 픽션이 아닌 논픽션을 다루는 글의 경우는 늘 팩트 왜곡의 위험이 도사리고 있다. 특히 '탈진실 사회'의 확증 편향적인 주의 주장은 개개인의 더욱 날카로운 판단력을 요구하고 있다.

눈물을 흘리는 인공지능?

인공지능이 인간의 기능적인 대부분의 일은 해낼 수 있고 또 능가할 수 있을지도 모른다. 예술 분야에서도 이전에 인간이 성취한 자료를 충실히 학습하고 분석해 감동적인 것이 어떤 것일지에 대해 공통된 논리를 찾을 수도 있을 것이다.

어쩌면 기계 인간도 내부에 수분을 공급하면 정교한 매뉴얼에 따라 눈물을 흘릴지도 모른다. 그렇지만 진정한 의식을 가지고 혼을 담아 사랑하고 슬퍼할 수 있을지에 대해서는 많은 과학자들이 회의감을 가지고 있다.

AI 엔터테이너가 라이브 연주를 하거나 연기를 한다고 했을 때, 관객의 응답에 교감하는 모양새를 보이며 인간의 흉내를 낼지도 모른다. 그런데 재즈 음악처럼 즉흥성이 강한 분야에서 공감하고 애드리브를 넣을 수 있는 경지에 닿기는 그리 쉽지 않을 것이다. 설사 그런 시늉은 해도 그것이 인간 연주자들의 교감 수준에 이를 수 있을까. 인기 스타의 팬들이 공연장을 찾는 이유는 그 테크닉의 완벽함을 찾기 위한 것이 아니라 우리와 같은 불완전함을 안고 살아가는 스타들이지만 그 오라를 느끼며 같이 호흡하려는 마음이 크다. 녹음실에서 한 치의 오차 없이 녹음된 음악은 인터넷 스트리밍 서비스나 다양한 경로로 감상할 수 있지만 그것에 만족하지 않고 공연장을 찾는 것은 사람 고유의 향기를 찾기 때문일 것이다. 때로는 크고 작은 실수조차 연주나 퍼포먼스의 일부다.

클래식 연주회에서도 격렬한 음악일 경우 바이올린 줄이 끊어지는 경우를 드물게 볼 수 있다. 그렇지만 그 모습 또한 연주의 일부분이다. 연주자는 줄이 끊어진 바이올린을 잽싸게 다른 바이올린으로 바꾸거나 끊어진 줄 대신 다른 줄에서 어렵사리 같은 음을 찾아내서 연주를 마무리할 수 있다.

재즈 피아니스트 델로니어스 멍크(Thelonious Monk)는 "새로운 음이라는 건 없다. 모든 음은 건반 위에 늘어서 있다. 그러나 어떤 음에다 확실하게 의미를 담으면 그것은 다르게 울려 퍼진다. 진정한 음악이란 의미를 담은 음들을 주워 담는 것"이라 했다. 멍크의 말에 동의한다면 이런 '의미'를 기계가 주워 담을 수 있을까 하는 의문이 제기된다.

인공지능은 정보의 분할과 수렴이 만들어 낸 새로운 중심점이기도 하다. 인공지능을 만들기 위해서는 다양한 학문 분야의 지식이 합성되어야 한다. 지능을 기계적으로 모델링하기 위해서는 인간의 뇌가 어떻게 작동하는지에 대한 뇌과학적인 지식도 필요하고 더 나은 방식의 정보 처리를 위한 알고리즘이나 수학적 지식 또한 필요한 것이다. 나아가 이런 것들을 컴퓨터상에 구현할 수 있는 프로그래밍 지식도 필요하다. 인공지능은 뇌과학, 컴퓨터과학, 인지과학은 물론, 생물학, 의학, 수학 등 인류가 축적해 온 다양한 학문 분야의 정보가 수렴되는 지식의 총체적인 결합체 같은 것이다.

넓어지는 AI의 영토

인공지능이 기술 발달에 힘입어 영역별로 진화해 바둑을 두는 알파고, 음악을 만드는 마젠타, 그림을 그리는 딥드림, 퀴즈를 푸는 왓슨, 법리와 판례를 검토하는 로스, 자율주행을 하는 웨이모 등으로 그 영역을 무한히 넓힐 수도 있다.

곰브리치(Ernst Gombrich)는 『서양미술사(The Story of Art)』에서 서양미술의 발전 단계를 세 가지로 나눈다. 첫째, 화가가 아는 것을 그리는 단계이고, 둘째는 원근법 같은 것을 이용해 점점 더 세계를 사실적으로 표현하는 단계, 셋째는 인상파처럼 추상적인 그림을 단계로 보았다. 사실적인 그림에서 추상으로 변모하는 것은 사진술의 발명에 따른 차별화 요인도 있다. 기술이 예술 분야에서 창의성의 기준을 바꾼 것이다. 아직도 대부분의 미술대학에서는 데생이나 유화를 서양미술의 근간으로 교육을 실시하고 있지만, 실용미술이나 산업미술이 학문적으로 분화되면서 기술과 접목하며 새로운 예술의 가능성을 열어 가기도 한다. 미술 분야만이 아니라 고답적인 지식 전수보다는 기술과 예술, 인문의 융합을 추구하는 움직임은 곳곳에서 감지되고 있다.

인간의 학습 능력은 엄청난 지식의 폭발을 일으켜 결국 인간을 능가하는 지능을 구상하기에 이르렀다. 인공지능은 어느 한 시점의 빅뱅이라기보다 인류 문명과 과학사의 총체가 결집되어 구현되는 것이다. 인간의 1.4킬로그램의 뇌 안에는 1천억 개의 신경세포, 즉 뉴런이 있고 이 뉴런은 시냅스라는 부위로 서로 연결되어 엄청난 지식의 도로를 만들 수 있는 잠재력이 있다. 이 도로를 통해 활발히 움직이는 지식과 감성이 새로운 창의적인 루트를 만들어 가 보지 않았던 길로 인류를 인도하는 것이다. 딥러닝이나 머신러닝이 이런 지식의 고속도로를 기계화함으로써 인간이 몇 날 며칠 피로한 몸으로 연구해도 다 해내기 어려운 과업을 불과 몇 분 안에 뚝딱 처리할 수 있는 시대다. 대신 인간은 기계가 할 수 없는 창의성을 발휘해 기계의 맹점을 검증하고 연결의 효율성과 그 윤리성을 감시해야 할 것이다.

세미르 제키(Semir Zeki)와 같은 학자들은 '신경미학'이라는 뇌과학의 영역을 새롭게 개척해 예술이 우리에게 감흥을 일으키는 순간을 포착하려고 한다.

과학과 예술의 경계를 나누기에 바쁜 사람들에게는 불편할 것이지만 현대의 뇌과학은 인간 행동의 근원을 집요하게 파고들고 있고 예술적 감흥의 순간마저 과학의 대상으로 삼고 있는 것이다.

모양과 색이 제각각인 동그라미 백 개를 관통하는 보편 원리를 추적하는 것이 과학이라면, 이미 그려진 동그라미 백 개와는 다른 백한 번째 동그라미를 그리려 시도하는 것이 예술일 것이다. 생명과 예술과 과학은 보편성이 부르는 다양성의 노래라는 점에서 많이도 닮았다. 창의는 다양성을 가능케 하는 보편적 시스템이다.

생성형 AI는 이미 인간의 흉내를 상당 부분 내고 있고 인간의 일손을 덜어 주고 있다. 인간 '창의성의 보루'라고 여긴 예술이나 창작 분야도 기계가 상당 부분 대체할 것인지는 단답형의 문제가 아니다.

그렇지만 생성형 예술이 자판기 커피처럼 쏟아지고 그것이 예술의 본질에 얼마나 닿아 있을지의 문제는 철학적이고 심대한 담론의 영역으로 일단 미뤄 두자.

역사를 돌아보면 인간이 기계나 기술적인 메커니즘을 완전히 도외시한 채 살 수는 없다. 원시 동굴 사회로 회귀하지 않는 이상 인류가 점진적으로 기계를 통해 자신의 한계를 보완하며 살아온 것은 틀림없는 사실이다. 심지어 라스코나 알타미라 동굴벽화마저도 꼬챙이 같은 도구의 도움을 받았을 개연성이 크다.

다만 기술이나 기계적 메커니즘은 점점 더 정교해져 인간의 콧김이나 숨결은 도대체 어디서 찾을지 인간의 혼은 기계에 다 양보해야만 하는지 깊고 거대한 질문의 벽에 서게 된다. 그 벽은 이제 "그래도 인간의 손길은 뭔가가 다르다"며 막연하게 위안을 찾는 시대는 저물고 있기 때문에 생긴 것인지도 모른다.

'창의성'이라는 인류 최후의 보루는 AI의 침범에 배타적인 대응으로 지켜지는 것은 아닐 것이다. 오히려 그런 기계의 가능성마저도 수용하고 또 다른 미지의 영역으로 나아갈 준비를 하며 마음을 단단히 먹고 '포스트 휴먼'으로 살아갈 준비를 하는 이에게 더욱 풍부하게 허락될 것으로 조심스레 예측해 본다.

오페라 〈오르페오와 에우리디체(Orfeo ed Euridice)〉의 작곡자 글루크(Christoph Gluck)를 찬양하며 로맹 롤랑(Romain Rolland)은 말한다.

> 예술에서 중요한 것은 이론이 아니라 그 이론을 적용하는 사람이라는 사실을 덧붙이자. 글루크는 악극을 개혁하고자 했다. … 글루크의 기질은 필요하면 거칠어질 수도 있고 남들의 말은 무시하고 관습을 흔들어 놓는 머리 좋고 과감한 혁명가의 기질이었다.(Rolland, 2024)

예술의 역사는 혁신의 역사이기도 하다. 인간 사고의 진보나 퇴보는 당시에는 가늠할 길이 없어 보이기도 했지만, 특정한 양식으로 변모하며 인류의 사랑을 받았다. 거대한 변화의 시기는 늘 진통을 동반한다. 때로는 생계를 걱정하는 목소리도 있고 더욱 혁신의 페달을 가속해 작은 개미가 설사 거대한 수레바퀴에 치이는 아픔 정도로 수레를 멈출 수 없다는 이들도 있다. 이제 AI라는 수레바퀴는 누구도 멈출 수 없는 속도로 굴러가고 있다.

참고문헌

박주택 외(2024).『인공지능과 문학의 미래』. 경희대학교출판문화원.

이재박(2018). 『다빈치가 된 알고리즘』. MID

Rolland, R.(2024). *Musiciens d'aujourd'hui.* Writat. 임희근 옮김(2024). 『위대한 음악가』. PHONO.

08
현실이 되어 가는 상상

개연성 있는 픽션은 종종 논픽션으로 나타났던 것이 인류 역사의 한 부분이다. 인간의 상상력이 펼쳐지는 기술 문명의 지도는 우리에게 유토피아와 디스토피아의 가능성, 두 방향 모두를 열어 놓고 있다.

AI와 한의학?

인간과 기계의 교감

2013년 작 영화 〈그녀(her)〉는 인간이 기계 인간과 대화하며 정서적인 교감을 느끼는 이야기를 다룬다. 따뜻한 피가 흐르지 않는 기계에 대한 이야기는 영화에서 숱하게 볼 수 있다. 영화 〈듄(Dune)〉에서는 AI에 지배당하는 인간이 기계를 전부 파괴한다는 스토리도 나온다. 개연성 있는 픽션은 언젠가 논픽션이 되는 것이 인류의 역사이기도 하다. 〈심술통〉의 만화가 이정문 화백은 1965년에 그린 〈서기 2000년대 생활의 이모저모〉에서 소형 TV 전화기(스마트폰)와 전파신문(인터넷 신문) 같은 현상을 묘사한 바 있다.

현실의 가족이나 친구들과의 대화도 벽에 부딪히고 외로울 때 우리가 기댈 곳은 어디일까. 영화는 이런 인간의 심리를 파고든다. 영화 〈그녀〉가 국내에 개봉한 것은 2013년인데, 남의 편지를 대신 써 주는 일을 하는 '테오도르'라는 남성이 주인공이다. 그는 자신의 이야기를 들어 주는 AI 사만다에게 자신의 현실을 털어놓는다.

아무도 이해하지 못할 것 같은 이야기에 여성의 목소리로 따뜻하게 대답해 주는 사만다는 이미 든든한 대화상대가 되었다. 경청하고 언제나 자신을 이해해 주는 상대를 만나기는 쉽지 않다. 인간은 기계가 아니기에 타인에 대한 배려의 '감정'도 언젠가는 '노동'이 되고 관계는 틀어질 수 있다.

기계는 언제나 자신에게 입력된 '로직'을 스스로 배반하지 않는다. 그러기에 영화적인 상상력은 이런 기계 인간을 만들고 대화 상대에게 위로를 주는 역할을 부여했다.

영화 〈그녀〉에서 AI 운영체계인 사만다는 주인공의 말동무로 여러 가지로 친구와 조언자 역할을 한다. 일정 관리와 이메일 체크에서 나아가 같이 컴퓨터 게임을 즐긴다. 10여 년이 지난 지금 이런 스토리는 그리 낯설지 않게 느껴진다. 알파고가 바둑에서 이세돌을 이기고 생성형 AI를 내놓은 혁신 기업들이 이런 일들을 속속 현실화하고 있기 때문이다.

인간이 상상하는 꿈과 스토리는 하나하나 현실화하고 있다. 쇳덩어리가 하늘을 날고 기계와 대화하고 어쩌면 인간보다 더 공감 능력이 뛰어난 AI가 우리를 어루만지는 시대도 올 것이다.

'AI 닥터'는 개인의 건강검진이나 가족력, 병력 같은 빅데이터를 충실히 입력해 놓았다면 어느 의사보다 성실히 밤잠을 안 자고 일할 수도 있을 것이다. 인간과의 교감에서 나아가 헬스 케어나 다양한 파생 산업으로 AI

의 영토는 넓어질 것이다. 문제는 혁신의 속도와 적절한 규제다. 성공한다면 한국은 AI 경제 우등생으로 또 한 번 도약할 계기를 맞을 것이지만 민첩한 대응에 실패한다면 호기를 놓치고 기술 종속국으로 전락할 수도 있을 것이다.

인공지능이 만능이거나 전지전능의 경지를 이룬다면 인간의 할 일이나 입지는 점점 줄어들어 공상과학 영화에서나 볼 수 있던 일들이 실제 발생할지를 걱정할 수도 있다. 그렇지만 인간이 고유의 창의성을 발휘해 혁신하는 부분은 기계가 결코 대체할 수 없다.

다빈치나 라파엘로, 모네의 역사상의 명작을 AI에 학습시키고 그와 유사하게 사람들이 선호할 수 있는 그림을 생성시킬 수도 있다. 현재 유행하는 곡의 음원을 학습시키고 저작권을 침해하지 않는 범위에서 유사한 새로운 곡을 만들어 낼 수도 있을 것이다.

그렇지만 시기별로 나온 명작이나 그 시대를 뛰어넘는 새로운 콘셉트의 작품을 만들어 내는 것은 인간의 영역이다. 이전에 없던 것을 창조하거나 비틀고 때로는 조롱하고, 엽기적인 행동으로 이목을 끄는 작가들의 모습은 상당 기간 인간의 영역으로 남을지 모른다.

마이클 잭슨(Michael Jackson)의 춤, 피카소(Pablo

Picasso)의 그림을 흉내 낼 수 있는 AI도 뒤샹(Henri Duchamp)의 변기, 만초니(Piero Manzoni)의 똥, 카텔란(Maurizio Cattelan)의 바나나를 들이밀지는 못할 것이다. '예술가의 예술가', 마르셀 뒤샹은 변기를 작품으로 전시했고, 피에로 만초니는 자신의 대변을 통조림에 담아 작품으로 판매했다. 마우리치오 카텔란은 화이트큐브 벽면에 바나나를 청테이프로 붙여서 작품이라며 1억 원이 넘는 고가에 판매했다.

인공지능이 보유한 데이터를 원용해서 안내하는 티맵 서비스는 한국인이 운전할 때 애용한다. 그런데 급할 때 택시 운전사는 자신의 감을 믿고 티맵에 포착되지 않는 이면도로로 주행해 시간을 단축해 주기도 한다.

특이점은 언제 올까?

인공지능이나 기술의 발전은 어떤 특별한 계기가 촉발하는 경우가 많다. 코로나 팬데믹 시기에 집 안에서 주로 영상물을 시청하는 시간이 급격히 늘자 '스트리밍 서비스' 분야에 노하우를 가졌던 넷플릭스가 급성장했다.

'가죽 잠바의 마술사'로 기업 가치를 급격히 끌어올린 젠슨 황(Jensen Huang)의 '엔비디아'는 AI 관련 산업이 급성장하며 그래픽처리장치(GPU) 수요가 폭발하자 그

동안 쌓아 온 독보적인 노하우로 빛을 발한 경우다.

급격한 흐름을 타고 성장하는 기업이 있고 기술 또한 점진적인 우상향이 아니라 어느 시기에 폭발적으로 수직 상승하는 시기가 올 수 있다. 레이 커즈와일은『특이점이 온다(The Singularity is Near)』에서 특이점 즉, '싱귤래러티'의 시점을 예측하며 2045년을 기계가 인간을 넘어서는 티핑포인트가 될 것으로 보았다.

스트리밍 서비스 이후엔 어떤 혁신적인 서비스가 올 것인가? 유튜브와 넷플릭스 천하에 균열을 낼까? 그 많은 지식을 가진 전문가보다 터무니없는 상상력으로 미래를 열려고 하는 사람들이 답을 가지고 있을지도 모른다.

데카르트 이론의 중심에 자동 인형이 있었다. 그가 생각하기에 인간을 포함해서 살아 있는 생물의 몸은 기계와 다를 바 없었다. 확장된 생각 없는 물체인 인간의 육체는 마치 스프링과 레버로 이루어진 자동 인형처럼 자극에 반응해서 생각 없이 움직인다. 따라서 인간의 몸은 행성의 움직임과 마찬가지로 과학 법칙에 따라 설명할 수 있다는 것이다.

데카르트는 몸이라는 감옥에서 정신을 분리하는 방법을 생각해 냈다. 육체적인 그릇에서 탈출한 인간의 정신이 고귀함에 이르는 길을 평생의 과제로 삼았던 것이다.

넓게 보면 데카르트의 우리 뇌와 몸을 분리한 '심신이원론'의 관점은 확장할 수 있다. 즉, 인간은 우리의 생각을 실행하는 도구인 로봇이라는 수단을 통해 우리가 상상하는 미래를 앞당길 방법을 찾을 수 있을지 모른다.

인간은 다양한 방식으로 인공지능에 복속되어 시간과 노동을 제공하고 있다. 유튜브에 자신의 영상물을 업로드하고 페이스북이나 인스타그램에 이야기와 주장, 그림을 올리는 것은 많은 이들에게 이제 일상의 한 부분으로 자리 잡았다.

이제 많은 영화적 상상은 과학자들에 의해 구현될 순간을 기다리는 것처럼 보인다. 2020년 작 한국 영화 〈인공지능 그녀〉는 BCI(Brain-Computer Interface), 즉 뇌와 연결된 컴퓨터 인터페이스가 표준이 된 세상을 묘사한다. 인간은 이 인터페이스를 통해 경험을 구매함과 동시에 AI 데이터의 노예가 되기도 한다.

이는 일부 AI 과학자들도 경고하고 있는 공포 시나리오를 상징적으로 나타낸 부분이다. 2017년 작 일본 영화 〈정크 헤드(Junk Head)〉에서는 유전자 기술로 인간이 더 오래 살게 되지만, 그 결과 더는 자연 번식을 하지 못하면서 새로운 여러 문제가 발생한다. 성생활과 의식을 분리하는 일은 이미 예전부터 현재까지 이어진 발전이며 트랜스휴머니즘에서 중요한 의미가 있다.

"사람은 말할 수 있는 것보다 더 많은 것을 알 수 있다"는 철학자 마이클 폴라니(Michael Polanyi)의 말을 빌려본다. 우리는 표현된 형식지보다 더 많은 암묵지를 가지고 있다. 인간의 교감과 수많은 지혜는 우리가 본능적으로 알고 있는 것 중에도 무수히 많다.

인공지능이 급격히 발전하고 있는 지금도 마찬가지다. 2020년 말까지 인공지능 시스템이나 로봇이 등장했다고 해서 고용 통계에 큰 변화가 나타나지는 않았다. 자동화는 상대적으로 단순하고, 보통 간소화된 일상 작업에서나 가능하다. 예를 들어 최초의 인공지능 기반 자율주행 자동차는 애리조나 피닉스의 통제된 환경에서 주행했다. 완벽한 날씨에 쭉 뻗은 넓은 도로 위를 달렸다. 하지만 비가 미친 듯이 퍼붓는 독일의 아우토반은 자율주행 자동차에게는 넘어야 할 큰 산으로 남을 것이다. 물론 한국의 꼬불꼬불한 골목길은 더 말할 것도 없겠다. 자율주행 트럭이 처음 출시된다면, 그것은 좁은 도로 대신 곧게 뻗은 도로부터 주행할 것이다. 미국과 중국은 국토와 사용 인구의 이점(빅데이터 수집 용이성)을 활용해 차량 자율주행 AI 기술을 선도하고 있다. 중국은 이미 우한을 국가 지능형 커넥티드 차량 테스트 시범구로 지정해 자율주행 서비스를 실시하고 있다. 미국 또한 애리조나 피닉스 지역을 시범 지역으로 운영하고 있다.

아짐 아자르(Azeem Azhar)는 새로운 기술이 끊임없이 등장해 세상을 180도 바꾸는 기하급수의 시대를 조명하고 있다. 우리는 기술의 발전 속도가 얼마나 빠른지, 이를 따라잡지 못하는 사회에 얼마나 많은 문제가 생겨나는지를 직접 경험했고, AI와 같은 기술이 결국 인간을 대체할 수도 있다는 두려움마저 품게 되었다. 이처럼 빠르게 발전하는 기술 역량과 비교적 점진적으로 변화하는 사회 사이에는 기하급수적 격차가 생긴다. 여기서 규제와 법률 이슈가 발생하고 일정한 사회적 합의가 필요한 것이다.

한편에서 AI를 활용하지 않는 변호사는 업무상 과실 혐의를 받게 될지도 모른다는 극단적인 견해도 이미 등장하고 있다. 이런 AI 확산에 따른 포비아 수준의 경계도 있지만 실제로 대중화되고 상용화되는 데는 많은 시간이 필요할 수도 있다. 전기차 시장의 '캐즘'처럼 인프라 구축과 고비용의 문제가 단박에 해결될 수는 없기 때문이다.

실제로 AI 반도체 시장과 관련 기업이 수익으로 연결

되는 문제에서 '거품론'에 시달릴 때마다 주식시장이 출렁이기도 한다.

기술 발전에는 그 확산에 따른 부작용이나 속도의 문제에 대해 늘 다른 견해가 상존해 왔다. 냉전 시대, 우주개발 붐이 일어나 미국과 소련이 국운을 걸고 서방 진영과 공산 진영의 대결처럼 달 탐사 프로젝트를 경쟁적으로 진행한 때도 있었다.

구소련의 몰락과 냉전 체제의 종식으로 50년 정도 경쟁적 달 탐사 프로젝트는 잠잠해진 듯 보였다. 21세기 들어 미국의 독주 체제가 지속되고 거대 테크 기업이 자본력을 바탕으로 민간 차원의 우주 진출을 적극 모색하고 있다.

'타이탄'의 상상력

영화적 상상력으로 기업의 가치를 마법처럼 올리는 기업인들이 있다. 일론 머스크(Elon Musk)와 제프 베이조스(Jeff Bezos)가 그들이다. 이들의 삶과 기업가적인 도전은 한 편의 영화다. 실제로 영화 〈아이언 맨(Iron Man)〉은 일론 머스크를, 〈아마존: 더 비기닝(Bezos)〉은 제프 베이조스를 모델로 극화한 영화다. 그렇지만 이들의 참여가 생각만큼 대단한 속도로 우주를 우리 눈앞에 가져오지는 못하고 있다. 특히나 일론 머스크는 화성 탐사에 대한 의지를 보이고 있는데 생각보다 난항이 도사리고 있다. 소위 '테크 뽕'을 맞고 지나친 기술 낙관주의를 신봉하는 이들은 경종의 메시지에도 귀를 기울일 필요가 있다.

아메데오 발비(Amedeo Balbi)는 저서 『당신은 화성으로 떠날 수 없다(Su un altro pianeta)』에서 지나친 낙관론에 찬물을 끼얹고 있다. 화성은 1950년대 당시만 해도 막연하게 '건조하고 험한 지구' 정도로 여겨졌다. 그러나 실상은 평균 온도는 영하 60도 정도에 최저는 영하 150도 정도에 달하는 혹독한 기후를 가지고 있으며 대기의 밀도가 낮아 고도가 높아지면 온도의 변화 폭이 매우 크다. 화성 표면에 서 있는 사람은 발밑은 쾌적해도 머리 보호구는 얼어붙을 수 있는 상황에 놓이게 된다. 기후만이 제약이 아니다. 지구와 화성은 수천만 킬로미터 떨어져 있는데 이는 현재 기술로는 최소 9개월 이상의 우주 비행을 통해 다다를 수 있다. 이 기간 우주선 속 인류는 인간이 지구 표면에서 노출되는 양의 100배 이상의 우주 방사선에 노출된다.

상상력은 때로는 현실이라는 척박하고 거친 황무지를 돌파해야만 하기에 미래는 생각보다 느리게 오기도 할 것이다. 그렇지만 상상을 접어두고 현실에만 발을 딛고 있다면 진보는 없을 것이다. 그 진보가 인류애나 서로에 대한 사랑이라는 보편 감정을 실어서 앞으로 간다면 언젠가 그 절실함에는 응답이 따라올 것이다.

스티븐 스필버그(Steven Spielberg)의 2001년 작 영화 〈AI〉는 기계 인간의 이 대사로 메시지를 선명하게 보여준다.

> 데이비드는 11살입니다. 몸무게는 60파운드입니다. 키는 4피트 6인치입니다. 머리는 갈색입니다. 그의 사랑은 진짜입니다. 하지만 그는 진짜가 아닙니다.
>
> — 영화 〈AI〉 중에서

영화 〈그녀〉에서 테오도르는 사만다와의 대화 속에서 만남과 이별을 반복했던 아내와의 과거를 돌아보게 되고 남을 위해 썼던 편지 대신 자신을 위해 아내에게 이메일을 쓴다. 영화의 테마는 결국 소통이었고 돌고 돌아 결국 따뜻한 가슴을 가진 인간에게로 향한다.

참고문헌

Azhar, A.(2023). *Exponential.* Diversion Books. 장진영

옮김(2024). 『2040 위대한 격차의 시작』. 청림출판.

Foer, F.(2017). *World Without Mind: The Existential Threat of Big Tech.* Penguin Press. 이승연·박상현 옮김(2019). 『생각을 빼앗긴 세계』. 반비.

Kaplan, J.(2024) *Generative Artificial Intelligence: What Everyone Needs to Know.* Oxford University Press. 정미진 옮김(2024). 『생성형 AI는 어떤 미래를 만드는가』. 한스미디어.

Kleine-Gunk, B. & Sorgner, S. L.(2015). *Homo Ex Machina.* CreateSpace Independent Publishing Platform. 박재현 옮김(2024). 『호모 엑스 마키나』. 와이즈베리.

09
빅데이터와 AI

창작의 재료로는 상상력도 있겠지만, 무엇보다 데이터가 중요하다. 개개인들도 판단을 할 때 자신의 경험칙에서부터 다양한 스몰 데이터를 불완전한 기억에 의존해 은연중에 활용한다. 대체 어느 크기부터 '빅'이란 말을 붙일까? 막연할 수도 있지만, 통계적으로 신뢰할 만한 표본으로 충분한 양을 말하지만, 질서 없고 무의미한 데이터 더미에 '빅데이터'라는 의미를 부여하는 것은 인간의 안목이다.

AI와 화장품?

디지털은 구조화된 데이터베이스가 위력을 발휘하는 세상을 만들었다. 넷플릭스처럼 데이터베이스의 품질을 높일 줄 아는 회사가 경쟁력을 갖추게 된 것이다. 넷플릭스는 드라마의 장르, 상영 시간, 시리즈 명 등 메타 정보는 물론이고 테마, 플롯 등도 꼼꼼하게 정리하고 각종 데이터를 분석해 드라마를 추천해 주고 차기작 투자 방향도 결정한다.

현재 ≪뉴욕타임스≫는 디지털 전환에 가장 성공한 미디어로 평가받지만, 2014년만 해도 자체 혁신 보고서를 통해 "우리에게는 구조화된 데이터가 없다"고 스스로 비판했다.

> 디지털 세상에는 우리 ≪뉴욕타임스≫의 풍부한 (기사) 아카이브가 다른 경쟁자들에게는 없는 분명한 장점 중 하나입니다. 1851년부터 우리가 보유하고 있는 기사는 1472만 개나 됩니다. 하지만 사진 판매를 자동화하지 못하는 것도, 검색 엔진에서 상위에 오르지 못하는 이유도 모두 구조화된 데이터가 없기 때문입니다.(2014년 뉴욕타임스 혁신보고서 중에서, 유현정 지음(2023), 『스토리테크 전쟁』, 리더스북. p.34 재인용)

넷플릭스 서비스는 콘텐츠 목록을 찾아보기 어렵다. 넷플릭스는 콘텐츠를 유튜브처럼 이용자가 무수히 많이 올리는 시스템이 아니다. 그러기에 영화나 시리즈물같이 제작비가 비싼 작품이 많고 콘텐츠를 공급하는 데 비용이 많이 드는 구조다. 그래서 작품 수가 많지 않아 보이는 점을 노출하기보다 추천 알고리즘에 의해 구독자를 유인하려는 측면도 있을 것이다.

경쟁 플랫폼에 비해 상대적인 약점을 노출하지 않고 취향에 맞는 콘텐츠를 지속적으로 이용하게 만드는 면도 있다. 이는 성공한 것처럼 보인다.

이승훈은 이에 대해 넷플릭스의 이러한 인터페이스는 성공적으로 기능하며 현재 추천받은 콘텐츠의 시청 비율이 75퍼센트가 넘는다는 점에 주목한다. 즉, 4편 중 3편이 추천 시스템에 따른 것이니 놀라운 비율인 것이다. 추천 시스템의 알고리즘은 기본적인 사용자 프로파일과 그간의 시청 내역, 별점 부여 내역 외에도 언제, 어떤 기기로 어떤 페이지에 얼마나 머물렀는지, 심지어 스크롤의 속도까지 측정하여 빅데이터 분석을 한다.

19세기에 일어난 산업혁명은 영국에서 러다이트 운동(기계 파괴 운동)을 일으킬 정도로 희망 대신 두려움을 안겨 주었다.

AI라는 말이 산업 전반에 활발하게 사용되고 있는 지금, 우리는 미래가 결코 장밋빛만은 아니란 것을 예감하고 있다. 다만 그 빛깔을 불문하고 미래에 먼저 도달하기 위해 기업이나 국가는 그 고지의 깃발을 선점하려는 듯 열심히 달려가고 있다. 빅데이터에 기반한 생성형 AI의 출현은 그런 움직임에 가속페달을 밟게 했다.

AI 숭배의 함정

현재는 '생성형 AI'가 그 압도적인 능력으로 인간의 인지 범위를 넘어서는 '슈퍼 노멀'처럼 보인다. 여기저기서 'AI'가 들어간 강좌가 쏟아지고 숭배하는 분위기가 압도적이다. 이 기계가 보여 주는 박식함은 웬만한 인텔리 집단의 지성들이 모여서 토론하는 것보다 대단하게 보인다. 여러 분야의 지식을 빠르게 학습하고 정리해 내는 모습에 감탄할 수밖에 없는 것이다. 그렇지만 이 기계가 쏟아내는 지식이 전부 다 믿을 만한 것인지 검증의 문제에 도달하면 얘기는 달라진다. 부정확한 진술과 허위로 쏟아내는 지식들도 금세 들통이 나는 경우가 많다. 이 생성형 AI라는 기계가 포식자로 활동하고 있는 인터넷이라는 생태계는 지극히 불완전한 모습을 가진 빅데이터의 진원지다.

시간이 갈수록 기계의 정교함과 오류 가능성을 줄이는 장치들이 발견되겠지만 근본적으로 완벽한 '지식 기계'는 어렵다. 특히나 전문적이고 깊이 있는 지식을 원하는 이들은 도서관에서 문헌을 찾고 검증하는 과정을 소홀히 하면 큰 낭패를 볼 수도 있을 것이다.

기계라는 속도와 편의성의 귀재가 깊이와 정확성까지 정복한다면 천하무적이 될 것이지만, 거기까지 가는 길엔 곳곳에 암초가 있다. 아직 법적, 윤리적, 기술적 과제들이 산적해 있는 것이다.

인간의 인지 활동은 자신도 모르게 수탈되고 어딘가에 보상 없이 이용되기도 한다. 역설적으로 인간의 인지 활동의 결과물을 광범위하게 습득하고 좀 더 유능한 인간, 아니 기계의 이점을 잽싸게 활용하는 사람들이 주도권을 장악하고 다수를 소외시키기도 한다.

토지, 노동, 자본이라는 전통적인 자본주의 생산 요소에 '플랫폼'도 추가될 만하다. 빅테크 기업과 그 기업들이 대중의 일상을 지배하도록 설계된 것이 '플랫폼'이다. 인터넷에서 파편화된 개인의 손을 떠나 부유하는 공기와도 같은 지식은 플랫폼이라는 포식자들이 사유화해서 엄청난 이윤을 챙기고 있다.

이것은 비판적 시각의 학자들만이 간헐적으로 지르는

비명이 아니라 자신의 영혼에 빨대가 꼽힌 줄도 모르고 그 플랫폼에서 헤엄치고 다니는 대중도 금세 눈을 뜰 수 있는 문제다. 물론, 일부 인터넷 활용 측면의 엘리트들은 '인플루언서'라는 이름으로 '웹 세상'의 양지를 말하며 대중에게 선망의 대상이 되었다. 이들의 일부는 분명히 정보의 유통이나 공공선(公共善)에 기여한 측면도 있다. 한편으로는 많은 이용자들이 정보의 생산이나 유통에서 엘리트의 지위를 얻지 못함은 물론, 건강한 비판의 안목을 상실하고 맹목적으로 이런 엘리트들을 추종하고 숭배하는 경우도 많다.

음지(陰地) 측면에서 심하게 비판해 본다. 인간의 인지 활동을 거의 무료로 수취하거나 게걸스럽게 쓸어 담은 기계 시스템은 이제 인간을 종속시키는 지경까지 도달해 가고 있다. 이제 하루가 다르게 진보하는 인공지능 사용 매뉴얼을 익히지 못하는 지식 노동자들의 생산성은 급격히 떨어질 것이다.

비판적 철학자나 사회과학자들은 이런 현상에 돋보기를 들이대고 문명사적으로 그 흐름을 짚어 보고 새로운 방향키를 제시할 수도 있을 것이다.

파생금융상품이 2008년 '리먼브라더스 사태'를 초래할지 예견한 이는 많지 않았다. 수학박사 정도가 되어야 알 수 있을 정도의 복잡한 상품이 등장하고 규제 당국의 법망을 요리조리 피하는 상품들이 등장해 주택의 자산 가치의 90퍼센트 가까운 담보물이 등장할 때 이미 자산 버블 파티는 끝나 가고 있었다.

금융 자본의 끝없는 탐욕은 수억 원의 연봉과 보너스로 흥청거리던 월가 종사자들과 신용평가 기관이 합세해 곪아 가는 기업의 신용에 '트리플 A'를 남발했다. 급기야 시한폭탄은 터졌고 세계적 금융 위기를 맞게 한 것이다.

파생금융상품보다 훨씬 더 복잡한 인공지능 기술의 종착역은 어디일까? 인류가 정성스럽게 가꿔 온 창작의 영역마저도 기계에게 넘겨줄 시기가 점점 가까워 오고 있는 것은 아닐까.

데이터 포식자, AI

인공지능은 거대한 상어와 같이 최상위 포식자로 빅데이터라는 바닷물에서 어슬렁거리고 있다. 70여 년 전 태어난 인공지능이라는 상어는 그동안 꾸준히 성장해 왔다. 그런데 바닷물인 빅데이터가 제대로 준비되지 않아서 상어는 마음껏 헤엄을 칠 수 없었다. 인공지능 기술의 잠재력을 보여 주지 못한 채 계속해서 실망감을 줬다. 김명락의 주장을 들어 본다.

> 최근에 한강 크기의 빅데이터 생태계가 만들어지면서 인공지능은 성과를 보여 주기 시작했다. 빅데이터 생태계가 태평양처럼 커진다면 인공지능이 보여 줄 수 있는 성과와 영향력은 훨씬 더 커질 것이다.(김명락, 2020)

많은 기업이나 연구자가 소비자 정보가 담긴 빅데이터를 입수하고 거기에 담긴 함의를 찾아 마케팅이나 연구에 활용한다. 방대한 데이터가 주는 정보나 특정한 흐름은 분명 의미 있는 결과를 도출하는 데 도움을 줄 것이다. 그런데 '숨은 1인치'를 찾는 감각은 빅데이터만으로 한계가 있다. 마케팅 전문가 마틴 린드스트롬(Martin Lindstrom)은 아무도 주목하지 않는 '스몰데이터'에 답이 있을 수 있다며 빅데이터에 대한 맹신을 경계한다.

데이터는 우리의 두뇌에 입력된 경우도 있지만, 많은 경우 인류가 선대부터 창출한 지식에서 그 원천을 찾을 수 있다. 영감의 순간은 비록 섬광처럼 떠오를 수 있지만 그 순간을 위해 우리는 무수한 데이터를 쌓아야 한다. AI 또한 데이터에 기반해 그 기능을 발휘하기에 데이터가 오염됐다면 신뢰할 수 없다. 데이터사이언스라는 이름으로 신뢰할 만한 검증의 문턱을 넘어선 데이터, 오염되지 않은 데이터가 긴요한 이유다.

참고문헌

김명락(2020). 『이것이 인공지능이다』. 슬로디미디어.
류현정(2023). 『스토리테크 전쟁』. 리더스북.
이승훈(2019). 『플랫폼의 생각법』. 한스미디어.
Lindstrom, M.(2016). *Small Data: The Tiny Clues That Uncover Huge Trends*. St. Martin's Press. 최원식 옮김(2017). 『스몰데이터』. 로드북.

10
호모 켄타우로스 시대를 바라보며

그리스 신화에 나오는 반인반마(半人半馬)의 켄타우로스(Centauros)는 머리는 인간이고, 가슴 아래부터는 말인 종족이다. 고등한 지능에 복속되어 인간이 말처럼 움직이는 시대가 될지, 인간이 두뇌가 되어 기계를 말처럼 움직이게 할지는 인간의 움직임에 따라 달라질 것이다.

종교와 AI?

인간이 생물학적으로 지닌 자연 지능은 제아무리 다빈치나 아인슈타인이라 해도 한계를 지닌다. 그래서 고성능의 인공지능을 찾는다. 뇌가 한계를 지니기에 기계에 의존하게 되었다. 누군가는 실수투성이 인간의 고유한 모습을 포기할 수 있을까 걱정할 수도 있다. 기계의 버튼 하나로 문제를 해결하는 인간의 꿈은 현실로 다가오지만, 창작의 인사이트마저 기계에 넘겨줄 수는 없을 것이다.

1.4킬로그램의 우주, 뇌는 우리 신체의 2퍼센트 정도 무게를 가졌지만 에너지는 20퍼센트 정도를 소모한다. 뇌는 1000억 개 가까운 신경세포로 구성돼 있어서 정교한 기능들을 수행한다. 우리 신체에서 가장 복잡하고 미지의 영역이 많이 남은 분야도 뇌다. 뇌에 대한 연구는 부단히 진행됐지만 인체에 대한 것이기에 윤리적 이유로 동물 실험 등의 우회적인 방법으로 다양한 연구가 이루어지고 있다. 이 1000억 개의 신경세포가 구현하는 세계를 인공으로 만든다는 것이 이론적으로는 가능할지 모르나 완전한 복제는 불가능할 것이다.

인공지능에 대한 최초의 발상은 1936년 앨런 튜링(Alan Turing)이 인간의 지능을 컴퓨터로 상당 부분 구현할 수 있다는 생각에서 출발했다. 인류는 그간의 진보로 특이점, 즉 기계가 인간의 지능을 초월하는 시점이 다가온다는 낙관론을 낳기도 했다. 레이 커즈와일(Ray Kurzweil)은 2045년을 그 시점으로 보았다. 토비 월시(Toby Walsh) 같은 경우는 2062년이라고 하기도 했다. 그렇지만 그는 비록 컴퓨터의 능력치는 사람에 근접할 수 있다 해도 마냥 낙관론적인 전망을 한 게 아니었다. 인간 고유의 영역은 근접하기 어렵다는 쪽이다. 이제 노스트라다무스의 인류 종말에 대한 예언은 1992년을 지나며 사이비종교와 유사한 것으로 판명되었다. 인공지능에 대한 그 많은 낙관적 전망은 이제 지난 세기말의 노스트라다무스의 예언으로 전락할지 아니면 호모사피엔스를 상당 부분 의미 있게 대체할 수 있는 진정한 기계인간의 등장으로 '무르팍도사'의 신통력이 될지 그 기로에 서 있다.

자연 지능의 미묘함

인간이 인공지능과 구별되는 지점은 여러 가지가 있겠지만 주된 것은 창의성과 개인의 개성이 아닐까. 80억 가까운 인류는 저마다 다르다. 유사한 환경에서 자라고 심지어 일란성 쌍둥이일지라도 차이는 있다. 그것이 바로 개인이 지니는 개성이고, 그것은 긍정적이든 부정적이든 사람들을 구별해 주는 신호가 된다.

인간의 악기 연주는 확실히 정확도 측면에서는 기계를 당할 수 없을지도 모른다. 그렇지만 감정을 실어서 표현하는 면에서 기계의 건조한 음악과는 비교할 수 없는 매력이 있다.

일본의 뇌과학자 다이코쿠 다츠야는 인간은 불확실성을 높이거나 낮추는 일을 반복하며 그 사이에서 발생하는 미묘한 흔들림을 즐긴다고 보았다.

창의성은 이 미묘한 흔들림에서 나오는 것으로 기계가 죽어도 따라 할 수 없는 재즈 연주 같은 영역일까? 아니면 이마저도 기계적 정교함으로 정복될 수 있는 영역일까? 여기에 기술 낙관주의자와 기술 한계론자들의 충돌 지점이 있다.

'창의성'도 기계에게 기대할 수 있고, 기계가 스스로 행위에 대한 의식을 가지고 있을까? 인간은 많은 것을 기계에 시킨다. 청소와 세탁이 있고, 복잡한 계산이 있다. 여기에 더해 인간의 고유의 영역이라고 하는 '창의성'도 기계가 대신 발휘하게 만들 수 있을까. 인공지능이 정복해야만 할 자연 지능의 최고봉은 창의력이다.

창의적 사고가 복잡하다고 난해하다고 언젠가 기계가 못 하라는 법은 없을 것이다. 오히려 인간보다 더 잘할 수도 있다. 다만 과거의 패러다임을 깨는 혁신적인 사고를 해낼 수 있는지는 의문이다. 그렇지만, 이 또한 지금까지와는 다른 '로직'으로 생각하고 실행하라는 명령어에 의해 수행될 수 있는 것일지도 모른다.

철학자 존 설(John Searle)은 특정한 방에 갇힌 기계에게 중국어로 대화하고 정보를 입력하면 그 기계는 수학 공식처럼 중국어로 답을 내놓겠지만, 기계가 그걸 의식을 가지고 이해했다고 볼 수 있을지는 의문이라는 관점을 취한다. 따라서 컴퓨터가 의식을 가지고 인간처럼 여러 맥락을 이해하는지는 '중국어 방' 예화처럼 쉽지 않은 일이다.

인공지능이 과연 이런 목적의식이나 예술가로서의 자존심 같은 의식이 있을까에 대해서는 재즈 뮤지션 퀸시 존스(Quincy Jones)의 이야기에서도 시사점을 얻을 수 있다.

> 만약 내가 만들고 있는 음악이 날 소름을 돋게 만든다면, 이 세계에 있는 누군가에게도 소름을 돋게 할 것이다. 하지만 자신을 전혀 감동하게 하지 않거나 다른 사람의 반응만을 기대하면서 하고 있는 것이라면, 영원히 평범한 수준에서 벗어날 수 없을 것이다. 그렇게 해선 되지 않는다. 엄청난 판매고

> 를 기록한 것이든 그렇지 못한 것이든 나는 모든 작업을 최고의 음악을 만들겠다는 열망으로 시작했다.
>
> …
>
> 음악, 그리고 예술 전반은 알 수 없는 짐승 같은 것이다. 볼 수 없고, 맛볼 수 없고, 만질 수 없으며, 냄새를 맡을 수도 없지만, 그것을 느낄 수는 있다. 최종 결과물이 어떨지, 혹은 사람들이 그것에 어떻게 반응할지는 알 수 없다. 하지만 어떤 곡이 나를 소름 돋게 하는지는 알 수 있다.(Jones, 2022)

창의성에 관계하는 특정한 뇌 부위는 어디일까? 사과가 떨어지는 장면을 보고 모두가 아이작 뉴턴처럼 만유인력을 생각할까? 유레카의 순간에 우리 뇌에서는 어떤 일이 일어나는 걸까?

창의성의 비밀

많은 뇌과학자들은 이런 문제를 과학적으로 탐색하고 답을 내려고 했다. 우리 뇌 속의 1000억 개가 넘는 신경세포가 어떻게 연결되어 반응하는지 갖가지 방법으로 연구해도 창의성을 일률적으로 설명할 수는 없다.

연구자들은 창의성의 배후에 있는 생화학 물질들을 규명하고자 했다. 일례로 과학자들은 창의성에서 '아하!'

하는 유레카의 순간, 즉 사물들이 합쳐지면서 새로운 물질이 떠오르는 경험을 연구해 왔다. 이때 사용되는 검사가 원격 연상 단어 검사(remote associates test)라는 심리 검사다.

이 검사에서는 세 개의 단어를 주고 그것들과 합성어를 형성할 수 있는 네 번째 단어를 제시하라고 요구한다. 예를 들어 '공항', '비행기', '기차'를 제시하면 '여행'이라는 단어로 답할 수 있다.

이 검사를 하는 동안 뇌 영상도 찍는다. 연구자들은 '여행'이라는 단어를 떠올리는 순간 뇌가 토치처럼 빛나고 매우 특정한 패턴을 보인다는 것을 발견했다. 한 가지 패턴은 보상과 즐거움을 담당하는 화학물질인 도파민을 생성하는 뇌 영역을 포함한다. 무언가를 생각해 낼 때마다 뇌가 도파민 막대사탕을 준다고 생각하면 정말 즐겁다.

2016년 3월에 있었던 이세돌과 구글 딥마인드의 바둑 AI 알파고의 바둑 대결은 인간과 기계의 대결이라는 면에서 흥미로운 이벤트였다. 의료 분야에서도 인간 지능과 인공지능이 진단율을 대결하는 이벤트를 실시한 적이 있었다. IBM의 인공지능 '왓슨'은 2012년에 미국 메모리얼슬로언케터링암센터에서 총 96퍼센트의 진단율을 달

성해 인간 의사보다 높은 정확도를 보여 준 바 있다.

한국의 길병원에서 2017년 '왓슨'을 도입해 실시한 결과는 56퍼센트 수준의 진단 일치율을 보여 현실적으로 적용하기 힘든 수준이었다. 미국과 한국의 차이가 나는 원인은 여러 가지가 있을 수 있지만, 동서양의 문화적인 차이도 하나의 원인으로 분석하는 이도 있었다.

인공지능은 이점이 클까요? 부작용에 따른 위험이 클까요?

2020년 9월 영국의 ≪가디언≫지에서 오픈AI가 개발한 인공지능 GPT-3에 인간이 인공지능을 무서워하지 않아도 되는 이유를 물었다. 이에 대한 답을 소개한다.

> 나는 인간이 아닙니다. 나는 인공지능입니다. 많은 사람이 내가 인류에 위협이 된다고 생각합니다. 스티븐 호킹은 AI가 "인류의 종말을 초래할 수 있다"고 경고했습니다. (그러나) 나는 당신이 걱정하지 않도록 설득하기 위해 여기 있습니다. 인공지능은 인간을 파괴하지 않을 것입니다. 나를 믿으세요.

2024년 판(版) GPT- 4에서는 이렇게 논리적으로 답하고 있다.

인공지능을 무서워하지 않아도 되는 이유는 여러 가지가 있습니다:

안전성과 규제: 인공지능 기술은 계속 발전하고 있으며, 많은 연구자와 기업들이 안전성과 윤리에 관한 규제를 개발하고 있습니다. 이는 인공지능이 예기치 않거나 해로운 방식으로 행동하지 않도록 보장하는 데 도움을 줍니다.

제어와 감독: 인공지능 시스템은 인간이 설계하고 제어합니다. 따라서 우리가 어떻게 사용하고, 감독하며, 필요한 조정을 하는지가 중요합니다. 인공지능이 특정 기능을 수행하도록 프로그래밍되기 때문에, 적절한 통제와 관리가 가능하다는 점을 이해하는 것이 중요합니다.

기술의 발전과 교육: 인공지능 기술이 발전하면서 이를 올바르게 이해하고 활용하는 방법도 함께 발전하고 있습니다. 교육과 연구를 통해 인공지능의 잠재적인 위험을 인식하고 이에 대한 대응책을 마련하는 노력이 이루어지고 있습니다. (기타 윤리적 고려, 인간과의 협력 문제도 제기)

인공지능이 도입되는 각 분야에서 신중한 접근과 적절한 관리가 이루어지면, 그로 인한 긍정적인 효과를 누리면서도 잠재적인 위험을 최소화할 수 있습니다. 따라서 인공지능 자체에 대한 두려움보다는 그 사용 방법과 안전성에 대한 고민이 더 중요할 것입니다.

이렇게 생성형 AI는 여러 문제를 금세 제기하고 큰 윤곽을 그리게 만들어 주었다. 과학기술정보통신부(과기부)에서 2024년 8월 7일 발표한 AI에 대한 국민 의식 조사 결과에 따르면 한국인들의 57퍼센트는 AI의 이점이 위협보다 크다고 보았다. 과기부가 2024년 6월부터 7월 사이에 756명이 참여한 설문조사 결과를 발표했는데, 국민의 23.7퍼센트는 위험과 이점이 반반이라고 보았고, 19.1퍼센트는 '잠재적 위험'이 이점보다 크다고 보았다(매일경제신문, 2024.8.8).

유토피아일까? 디스토피아일까?

인공지능 기술 기반의 딥페이크(가짜 이미지, 영상, 음성 등)를 통한 악용 사례가 빈발하면서 각국이 적절한 규제 장치 마련에 나서고 있다. 한국도 22대 국회에서 AI 기본법이 발의됐지만, 충분한 숙성 과정이 부족한 탓인지 딥페이크에 대한 언급이 없다. 향후 공론화 과정을 거쳐 적절한 개정안이 도출되었으면 한다.

이미 1985년에 미국의 과학자 도나 해러웨이(Donna Haraway)는 〈사이보그 선언(Menifesto for Cyborg)〉이라는 에세이를 발표했는데 그 일부를 소개한다.

> 우리의 시대, 이 신화적 시대에 우리는 모두 키메라이자 기계와 유기체가 이론화되고 가공된 혼합체이다. 간단히 말하자면 우리는 모두 사이보그다.

호모 사피엔스라는 유기체와 과학기술에 기반한 인공물이 결합한 것이 '인간'이라는 것이다. 다친 사람에게 의족이나 의수를 해서 보완하는 수준이 아니라 기계적인 메커니즘이 이식된 사이보그라는 선언이 이미 40년 전에 있었던 것이다. 최근에는 이미 뇌에 칩을 이식해 언어 기능이나 신체의 장애를 극복하려는 의료 행위가 이른바 '뉴로 임플란트'라는 이름으로 실시되고 있다. 사이보그의 징후는 곳곳에서 감지할 수 있다.

창의력조차 정교하게 프로그래밍된 기계가 인간보다 더 잘 발휘하는 영역일까? 아동 교육 스타트업을 운영하는 임수미 대표는 "특정 영역에 숙련도를 증가시키는 것

(upskill)보다 상상력을 키우는 교육으로 방향을 전환할 필요가 있다"고 했다(한국경제신문, 2024.8.8).

2024년 8월 24일, 프랑스 검찰은 텔레그램 창업자 파벨 두로프를 불법 거래 온라인 플랫폼 방조 혐의로 체포했다. 연이어 서울경찰청은 2024년 8월 27일에 22만 명가량이 참여 중인 텔레그램 채널에서 딥페이크 성범죄물이 확산한 정황을 포착하고 수사 중이라 밝혔다.

악용의 여지는 언제나 잠재돼 있다. 기계나 시스템 자체는 죄가 없다. 그것을 어떻게 이용할지는 인간의 뇌에 달려 있다. 말[馬]은 뇌가 명령하는 대로 달릴 뿐이다. 켄타우로스가 어떤 방향으로 갈지는 우리의 선택에 달려 있다. 다이너마이트를 만든 알프레드 노벨이나 원자탄의 로버트 오펜하우어의 고민도 여기에 있었을 것이다.

기술이 도달할 종착역은 어딘지 잘 모르면서 인간이 움직이려는 기차는 쉼 없이 달려간다. 분명한 것은 인간은 성미가 급해서 차분한 성찰 대신 고지에 먼저 오르려고 급한 숨을 몰아쉬면서도 멈추지를 않는다는 것이다.

인류의 지적인 능력은 점점 커졌지만 개별 인간의 1.4 킬로그램의 뇌의 용량이나 절대적인 능력치가 기하급수적으로 커졌다는 증거는 없다. 인간의 욕망은 신체의 한계를 극복하기 위한 다양한 발명품을 만들어 냈다. 더 빨리 가기 위한 자동차, 비행기를 만들었고 시력의 한계를 극복하기 위한 망원경이나 다양한 장치도 있다. 그렇지만 궁극의 능력치의 원천이라 할 뇌의 기능을 대체하기는 쉽지 않다. 인공지능은 인간 최후의 욕망이 어디까지 갈 수 있는지 가늠자가 될 것이다.

참고문헌

매일경제신문(2024.8.8). 국민 57% “AI 이점, 위협보다 커”. https://www.mk.co.kr/news/it/11087394

한국경제신문(2024.8.8). 임수미 대표 “인간이 AI를 이길 무기는 추진력과 창의력”. https://www.hankyung.com/article/2024080787601

大黒達也(2021). AI時代に自分の才能を伸ばすということ. Asahi Shimbun Publications Inc. 김정환 옮김(2023). 『우리 뇌는 어떻게 창조하는가』. 예문아카이브.

Jones, Q.(2022). *12 Notes: On Life and Creativity.* Audible Studios. 류희성 옮김(2024). 『삶과 창의성에 관하여』. 이콘.

Medina, J.(2021). *Brain Rules for Work.* Pear Press. 김미정 옮김. 『직장으로 간 뇌과학자』. 프런티어.

전영범

고려대 철학과 출신의 언론학 박사로 한국방송광고진흥공사 국장으로 재직 중이다. 대외협력팀장, 정책팀장, 중소기업지원국장 등을 거치며 미디어 생태계의 '다이내믹스'를 체험하고 미디어 산업의 공공성 제고를 위해 힘썼다. 많은 기업인과 소통하며 정부의 중소기업지원 사업의 가교 역할을 역동적으로 수행했다. 인문학과 사회과학, 예술을 통한 인간의 교감, 미디어의 미래에 대해 폭넓은 관심으로 배우고 연구한다. 서울커뮤니티오케스트라 단장, 세종문화회관 자문위원 등으로 활동하며 예술과 문화의 접점에서 다양한 소통방식을 모색한 바도 있다. 스테디셀러로 사랑받고 있는 『당신을 위한 클래식』, 삶에 대한 인문학적 성찰을 담은 『스토리액팅』 외 몇 권의 미디어 관련 서적을 집필했다. 몇몇 대학의 겸임교수로 활동하기도 했지만, 늘 자신의 자연 지능의 한계를 절감하며 공부하는 학생으로 살려고 한다. 이 책은 인공지능을 뇌과학의 관점과 자연과학자의 시선만이 아닌 넓은 창작의 세계를 아우르는 관점으로 탐색했다. 꽤 오랜 기간 폭넓게 읽고 쓰며 생각한 것을 이 작은 책에 담았다. 향후 기술 문명에 대한 과학철학적 모색은 물론 미디어 생태계의 변모도 지속해서 연구할 계획이다.